集人文社科之思　刊专业学术之声

集 刊 名：都市社会工作研究
主办单位：上海大学社会学院社会工作系
主　　编：范明林　杨　锃

Vol.9 RESEARCH ON URBAN SOCIAL WORK

编辑委员会

李友梅　张文宏　关信平　顾东辉　何雪松　文　军　熊跃根
程福财　黄晨熹　朱眉华　刘玉照　赵　芳　张宇莲　范明林
杨　锃　彭善民　华红琴　程明明　阳　方

本辑编辑组

范明林　杨　锃　陈　佳

第9辑

集刊序列号：PIJ-2016-184
中国集刊网：www.jikan.com.cn
集刊投约稿平台：www.iedol.cn

RESEARCH ON URBAN SOCIAL WORK　Vol.9

中文社会科学引文索引（CSSC）来源集刊

范明林　杨　锃／主编

都市社会工作研究

上海大学社会学院社会工作系主办

第9辑

社会科学文献出版社

SOCIAL SCIENCES ACADEMIC PRESS (CHINA)

目　　录

都市社会工作研究　第9辑

第1～18页

© SSAP，2021

增能视角下叙事治疗介入随迁老人
身份认同的社会工作实践策略研究[*]

李晓凤　龙嘉慧^{**}

摘　要　随着我国社会转型与城市化进程的加快，人口流动的定居化与家庭化特点日益显现，随迁老人群体逐渐形成。流动使随迁老人面临身心健康、家庭关系、社会适应和社会融入等问题。但是，现有随迁老人研究多聚焦在心理健康与社会融入方面，有关身份认同问题的研究稀少，更遑论社会工作实践干预研究。为此，本研究通过问卷调查界定随迁老人身份认同问题，如自我身份混乱、群体身份缺失、社会身份排斥等。同时，运用案例研究法，突破传统叙事治疗的心理学范式，融入增能理论，探究增能视角下叙事治疗的社会工作实践策略，以回应随迁老人身份认同问题。本研究发现，增能视角下叙事治疗介入随迁老人身份认同主要有三个实践策略：个人层面，通过"外化、解构、建构"重塑自我认知，以能力培养提升个人行动能力，增强自我身份认同；人际层面，利用故事共创形成群体叙事，以支持网络建构促

---

*　基金课题：2020年东莞市哲学社会科学规划立项课题"幸福感与关爱机制：东莞老年迁徙族社区融入研究"成果（批准号：2020CG23），项目第二主持人为深圳大学政府管理学院社会学系教授李晓凤。

**　李晓凤，深圳大学政府管理学院社会学系教授，博士，硕士生导师，研究方向为社会工作理论与实务、女性社会学及咨询心理学；龙嘉慧，社会工作硕士，深圳大学政府管理学院社会学系研究助理，研究方向为老年社会工作。

进群体互动，获取群体身份认同；社区层面，借由故事公开传播实现群体发声，并结合资源链接、政策倡导和群体行动促进个人建构社会身份认同。对此，笔者提出强化社会工作者文化敏感性、增强随迁老人叙事资本、采用多元化方式发声等实务建议。

关键词　随迁老人　身份认同　叙事治疗　增能

一　问题的提出

随着我国城市化进程的持续推进，社会和经济发展的区域性差异日益明显，人口流动随之加剧。数据显示，2015 年，我国流动人口规模达 2.47 亿人，流动人口占全国人口比例从 2000 年的 7.9% 增加到 2015 年的 18%（孔凡磊等，2020）。除总量增长外，人口流动呈现从个人到家庭、从务工到定居的转向趋势（王建平、叶锦涛，2018）。这一趋势促使更多的农村老人向城市流动。国家卫生健康委员会发布的《中国流动人口发展报告 2018》指出我国流动老年人从 2000 年的 503 万人增加至 2015 年的 1304 万人，年均增长 6.6%（周相君，2020）。农村老人出于务工、照顾孙辈、家庭团聚、养老等目的向城市流动，形成了随迁老人这一新社会群体。

离开熟悉的农村生活环境，脱离原有的社会支持网络，随迁老人面临身心健康、家庭关系、社会适应和社会融入等问题。其一，身心健康问题。流动造成的饮食、环境和人际关系等的变化会降低老人的身体健康水平，增加其罹患疾病，如心脑血管疾病的风险（孔凡磊等，2020）；精神上容易出现孤独、焦虑和排斥等消极情感，甚至引发焦虑、抑郁等精神健康问题（于晓娜，2018；刘庆、陈世海，2015；刘庆，2018）。其二，家庭关系问题。代际认知差异容易引发随迁老人与家人在生活习惯和隔代教育等方面的摩擦；同时，年轻人对智能化设备的依赖筑起了家庭沟通的数字鸿沟（庄曦，2020）。其三，社会适应问题。随迁老人面临角色适应、日常生活适应、人际交往适应、心理适应四个层面的适应问题，而心理适应是最难完成的部分（何惠亭，2014）。其四，社会融入问题。随迁老人人际交往较少、对社区了解不多、社区活动的参与度不高、社会福利与保障不足等因素（王雪、董博，2018），致使他们对"市民"或"社区居民"的新的身份认同感较低，进而影响他们的社会融入。

在随迁老人生存问题中，社会融入被置于核心位置。身份认同与社会融入存在内在的、必然的联系，它是实现社会融入的心理基础（崔岩，2012），且身份认同也被视为最高层次的社会融入（杨菊华，2015）。然而，目前学界对上述问题的研究较少，涉及社会工作实务干预的研究更是屈指可数。本研究的创新之处在于尝试突破叙事治疗聚焦于个人微观层面的心理学范式，加入增能的社会工作视角，以推动案主行动，回应结构性问题，形成增能视角下叙事治疗社会工作实践策略且运用到随迁老人身份认同问题的干预中，以丰富其实务领域。

二　文献回顾

（一）随迁老人概念界定

目前，学界对流动老人尚未形成统一的认识。其中，"老漂族"与"随迁老人"是使用频次较多的两个概念。

"老漂族"着重于呈现流动老人进入城市后难以"扎根"的生活状态。多数学者认为，老漂族是指年龄在 60 岁以上、户籍在农村或城镇，有较长的时间生活在农村，因务工、照顾孙子女、家庭团聚、养老等原因主动或被动离开家乡来到现居住地，但户籍仍留在家乡，并在城市定居或在城市和家乡之间流动的老年人群体（王建平、叶锦涛，2018；张玉玉等，2020）。

"随迁老人"更侧重于因家庭原因而随子女迁移的流动方式。学界认为，随迁老人是指年龄在 60 岁以上，有较长的时间生活在农村，因子女就业、家庭团聚、照顾孙子女等家庭原因，随子女进入城市生活的老年人群体（孔凡磊等，2020；张新文等，2014）。

本研究的对象聚焦于因家庭原因随子女迁入城市的老年人群体，不包括独自进城务工的流动老人。同时，在调查中发现，因为流动老人需要承担家务或家庭照顾的责任，所以年龄大都在 50 岁以上，如此本研究的对象年龄界定在 50 岁以上。基于上述文献分析和实证调查数据，本研究中的"随迁老人"指年龄在 50 岁以上，出于某种家庭原因，随子女进入城市生活，且居住时长在 6 个月以上，但户籍依然留在农村或城镇的退休人口或老人。

（二）随迁老人的身份认同

对身份认同的讨论，可以追溯到 17 世纪哲学家对主体性的研究。随后，心理分析学派提出"认同是个人经由一连串身份认知的过程"的概念。心理学对身份认同的分析主要集中于外在客体的投射及同化的影响,强调个人的主观条件。之后,身份认同开始走进社会学的研究视域中。社会学认为除个人主观因素外,社会结构因素也会通过"重要他人"对个人的身份认同产生影响(Hall,1991)。从这个角度来看,身份认同是一个动态且复杂的心理学及社会学概念。如伯格(Berger,1966)指出身份认同是经由社会授予、社会维持、社会转化而形成的一种社会心理状态。又如埃里克森(1968)认为身份认同是个人与群体在互动中产生亲密关系,并接受该群体意识而形成的一套自我的整体价值认识。总的来看,身份认同包括内化形成个人认知、区分内群体与外群体的群体意识、实现社会类化与比较的社会价值三大意涵。

随迁老人是与迁出地的人、事、物逐渐"脱嵌",而又难以与迁入地的人、事、物形成新的"嵌入"的流动边缘群体。流动带来的变迁是悄无声息的,但是带来的强烈冲击,甚至是相当程度地撕裂、重组、改造原本的结构,对随迁老人的身份认同产生深远的影响。如随迁老人在家乡大多从事农业或小型的手工业及生产工业,邻里关系较为密切,社会交往与互动相对简单,权力与宗族、血缘关系结合紧密。但是随子女流动到城市后,随迁老人主要从事家务劳动、孙辈照顾等非生产性工作,逐步从生产角色中撤退,加之过去生活经验在城市中"失灵",致使其自我认知混乱。同时,陌生的环境与智能化水平更高的出行方式限制了他们的活动范围,且人际交往的内卷化,造成其群体身份的缺失。此外,语言不通、社区参与不足、文化差异等,使其遭受区隔与排斥。

有学者指出身份认同既可以增加社会融入程度,又能够在一定程度上提升个人的安全感、控制感和幸福感(Fritsche,2013)。如身份认同的积极作用促使随迁老人形成一致、积极的自我认识,产生认同某个群体的需求,进而经历社会互动、社会心理演化和同化,塑造一种社会身份认同。当随迁老人遇到困难时,身份认同使他们更愿意帮助群体内成员,也更易接受群体内他人的帮助和支持(Levine,2005)。

(三) 叙事治疗理论

叙事治疗兴起于20世纪80年代,其创始人和代表人物为澳大利亚临床心理学家麦克·怀特及新西兰的大卫·爱普斯顿。20世纪90年代以来,叙事治疗在国际上被广泛应用与研究。

叙事治疗被视为"第三波心理治疗改革",是后现代主义和建构主义的产物(尹新瑞,2019)。后现代主义认为,叙事不仅是一种语言表达的工具和技术,也是一种思考人类生命本质和生命知识的重要方式。人的生活由无数的事件构成,人们具体表达对于日常生活的理解的过程就是叙事,向自己及他人叙说的故事是比事件本身更加重要的知识。有问题的故事是话语权被剥夺导致的结果,而好的故事建立的不是真理,而是切合于叙事者的特殊且逼真的经验(钟耀林,2015)。与此同时,叙事也是充斥着知识与斗争的,如故事本身具有一种影响与塑造的能力,让人们在叙事的过程中塑造与定位自己,而要突破故事的死胡同,就需要识别故事背后的权力政治问题,对主流社会的"真理"和"正常化"提出质疑。进一步,叙事治疗通过外化的过程,可以审视不同时空对经验的阐释,引发"独特的结果",带动故事产生新的意义。由此,形成叙事治疗法的基本理论假设,即现实是社会建构出来的、经由语言构成的、借助叙事组成并得以维持的,但没有绝对的真理(Freedman and Combs,1996)。

叙事治疗奠基于后现代主义和建构主义,在其发展的历程中也受到不同理论的影响,使叙事治疗的理论脉络更加多元化,其主要表现如下。其一,叙事治疗采用了贝特森系统理论的观点,形成了地图的隐喻技巧,如"意识地图"和"行动地图"共同构筑了主观与客观系统融合的故事叙事。其二,叙事治疗受到埃里克森自我一致性理论的影响,如强调个人经验的重要性,并将个人视为拥有资源的终身学习者。如此,个人的经验是真实的并具有独特的作用,且个人故事也是可以不断改写的。其三,福柯提出的"知识即权力"的观点也对叙事治疗产生了一定的影响。如所谓的"真理"往往是被权力标签或建构的主流知识,它不仅影响甚至会决定个人生活的意义,进而形成对个人的压迫,让个人成为问题。可见,叙事治疗系统性地探索个人的叙事,并多层面地扩展个人新的叙事,以此与其他群体的叙事和主流叙事进行互动,形成了小小的个人与结构性制度之间的权力角力关系。

此外,诸多实践研究正在证明叙事治疗的有效性,如叙事治疗已经在家庭、学校、医疗等不同领域积累了临床经验,包括突发事件后的心理危机干预(刘斌志,2008)、婚姻关系调适(刘永明,2009)、大学生网络成瘾的心理辅导(袁莉敏、高春娣,2015)、未婚青少年的充权(黄丹,

2015）、慢性病老人的心理辅导（周爱华、廖绪，2019）等，且正尝试用证据为本的循证研究探索叙事治疗的有效性。然而在老年社会工作领域，叙事治疗应用得较少，仅有学者如王妙（2019）在其研究中论证了叙事治疗在老年社会工作领域的可行性，为实务的开展奠定了基础，但其研究仍囿于心理学范式的叙事治疗，未能探究增能视角下的叙事治疗的运用。因此，本研究运用增能视角下叙事治疗介入随迁老人身份认同的实践具有前瞻性。

三 增能视角下叙事治疗社会工作实践策略

（一）理论框架

增能是指"协助被烙印的个人或团体增进或练习自身的人际技巧或社区影响力"的过程（Solomon，1976）。增能观点认为，可以通过陪伴改变案主内在动机，以减少自身的无力感、挫折感，帮助被边缘化的群体得到发展，增加特别技能、知识和足够的能力，使他们相信自己有能力去面对及解决问题，进而影响其生活、人际关系，促进其社会参与，将其危机变为转机。如此，增能涉及个人层面增能、人际层面增能和社区层面增能（宋丽玉，2006），相应地，本研究在叙事治疗系统、人本、建构与权力的理论脉络上，结合增能理论，以突破传统叙事治疗的心理学范式，尝试建构"从认知到行动、从个人到社会、从能力到权力"整合式的增能取向叙事治疗理论框架。

增能视角与叙事治疗的内核具有一致性，且共同的哲学基础使增能视角与叙事治疗的融合具有可能性。从相同性来看主要有三点：相信个人具有能力和资源，能够发展出新的可能性的人本主义元素；突破主流文化形塑的"真理"或"标签"，追求个人的"真实"的建构主义元素；从个人到群体再到社区/社会的系统理论元素。

从互补性来看，增能视角与叙事治疗可以实现融合，其理据如下。其一，叙事治疗注重叙事引发的认知的改变，忽视认知与行动之间的直接转化。增能视角从能力提升、集体行动乃至政策倡导等方面均提供了行动策略；反之，叙事治疗为个人层面的增能提供了具体的介入技术。其二，尽管叙事治疗解构了主流文化对个人的影响，但对主流文化背后的结构性问题的分析不够深入。而增能视角明确指出个人权能丧失的结构性因素包括社会地位、资源分配、权力、制度等，这就为突破结构性障碍提供了分析视角与行动策略。其三，叙事治疗认为故事里充满了知识与权力的斗争，并提出"知识就是力量"，如通过叙事建构自我知识以对抗"真理性知识"造成的权力压迫。然而，权力的实现还需要"能力"的加入，增能视角则从客观现实世界提供了"增强权能"的补充（见图1）。

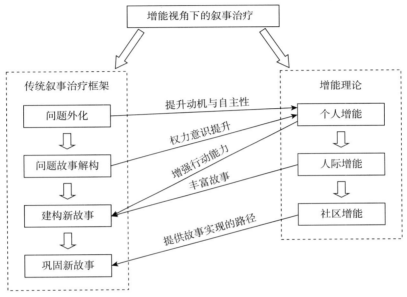

图 1　研究理论框架

（二）实践路径及策略

基于上述文献分析，本研究认为流动人群在制度、物理环境、个人和家庭等多重因素的影响下，面临身份认同的困境，也导致他们的"双重脱嵌"。这既是权力丧失的过程，也是流动人群问题叙事形塑的过程。对此，社会工作需要协助流动人群从自我、群体、社会层面展开增能式叙事干预过程（含策略），包括：以建构个人叙事，提升个人能力，实现自我身份认同；以鹰架小组连接群体叙事和社会支持，形塑群体身份；以故事公开传播、政策倡导与资源链接，建构社会身份认同，进而实现流动人群的增能式社会融入（见图2）。现对本研究的实践路径与策略简述如下。

（1）个人层面：增能视角下叙事治疗实现自我身份认同涉及信任关系建立、自我认知重构和个人行动能力提升三个步骤。其一，社会工作者需要通过陪伴，与案主建立协同伙伴的信任关系，从中了解案主需求，提升

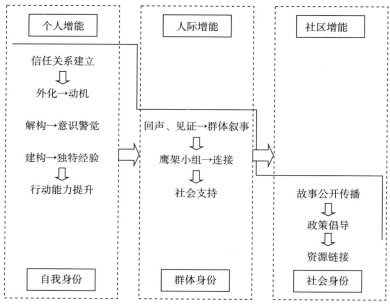

图 2　实践路径与策略框架

案主的自我意识和自信，进而缓和无能感对其造成的影响。其二，社会工作者通过叙事治疗的技巧，推动形成外化、解构、建构的螺旋式自我认识的过程。其中，社会工作者通过问题外化和解构，推动案主重新塑造个人自主性，并以对权力的意识警觉提升来激发案主的动机。同时，社会工作者鼓励案主再现生活经验，发展想象力，挖掘特殊经验与资源，发掘支线故事，丰富新故事。其三，社会工作者还应根据案主的需求和"行动地图"的指向，为案主提供教育知识、信息来源、沟通技巧和解决问题技巧的训练，以提升案主的能力。

（2）人际层面：在系统观点的影响下，"重要他人"既是案主建构及巩固新故事的重要影响因素，也是实现人际增能的对象和资源。因此，要运用增能视角下叙事治疗建构群体身份，涉及群体叙事、鹰架小组连接和社会支持网络建构三个流程。其一，社会工作者通过重组成员对话给案主提供一个修正与生活相关成员关系的机会，为重要他人的声音赋予正当性，进一步丰富案主的新故事，同时，也形成了共同议题的群体叙事。其二，鹰架小组是有效将群体叙事与社会支持网络进行有机链接的介入方式。社会工作者通过同侪鹰架、材料鹰架等将个人经验与他人经验有机串联，个人的潜在发展区得到扩大。其三，社会工作者采用动员、共同目标设定、价值凝聚等技巧，形成群体之间的支持网络和共同行动的能力，以对抗主流文化的影响和控制，群体归属感进一步提升。

（3）社区层面：社区层面的介入是增能视角下叙事治疗的结构化效能深化的主要部分，其实践策略涉及故事公开传播、政策倡导和资源链接三个环节。其一，叙事治疗运用公开仪式、故事发布等方式进行"传播增能"，实现案主及其所在群体的公开发声，激发社区居民对相关议题的关注，促进共识的形成。其二，社会工作者协助案主通过动员、协商、讨论、制订行动计划等方式，形成集体行动，对社会结构、政策、文化等做出改善。其三，社会工作者通过社区资源挖掘、资源识别、资源运用、资源变革等方式，强化案主与资源的链接和运用，推动涉及相关领域多元治理主体的政策输送和服务实施联动，为案主创造有利于生活的环境。

四　增能视角下叙事治疗社会工作实务案例分析

（一）随迁老人的处境分析：社区背景与需求问题

1. 社区背景

X 社区为以老旧小区为主的社区。社区内总人口约为 1.2 万人，其中，50 岁以上的小区居民有 3816 人。50 岁以上的随迁老人占 50 岁以上人口总数的 66.7%。女性随迁老人多于男性随迁老人，社区居住年限集中在 3~5 年。九成以上的老人是为了帮衬子女的生活、照顾晚辈。为更好地促进随迁老人的社区融入，社会工作者设计并开展了"花样晚年，心欣家园"随迁老人社区融入项目。本研究依托 X 社区的这一项目开展个案研究。

2. 随迁老人情况

本研究采取方便抽样的方法，向 X 社区 50 岁以上的随迁老人发放问卷 250 份，回收问卷 238 份，其中有效问卷 215 份，有效回收率为 86.0%。调查问卷包括基本情况及身份认同量表（AIQ IV）两个部分。

从数据分析可知，受访随迁老人中男性占 41.8%，女性占 58.2%，平均年龄为 62.8 岁，迁入地平均居住年限为 26 个月（约 2.2 年）；84.9% 为农村户籍，15.1% 为城镇户籍；68.1% 为初中及以下学历。与此同时，62.2% 的随迁老人因照顾孙子女而流动，其他依次为照顾子女、养老，分别占 21.5%、12.8%。根据我国经济带划分来看，来自中部内陆地区的最多，占比为 42.5%；来自东部沿海地区的占比位居第二，达 37.3%；来自西部边远地区的占比为 20.2%。来自珠三角本省及接壤省份的人数占比高达 60.7%。

3. 随迁老人身份认同现状

调查数据显示，随迁老人的身份认同呈现以下问题。

其一，自我身份评价负面，自我一致性不足。随迁老人的自我身份认同总体处于中等水平，量表平均得分为 3.85。其中，自我评价、自我一致性、期望与目标评分较低，分别为 3.68、3.53、3.49。同时，53.2% 的随迁老人表示来城市生活让他们对自己的评价有所改变；52.7% 的随迁老人感觉自己缺乏生活经验；48.1% 的随迁老人表示感到失败。

其二，人际互动疏离，群体身份缺失。随迁老人的群体身份认同处于中低水平，量表平均得分为 3.52。个人名声、人际吸引力和人际交往是得分最低的三项，得分均值分别为 3.20、3.27 和 3.35。其中，63.6% 的随迁老人抱着无所谓的态度，22.6% 的随迁老人选择没有动机；81.1% 的随迁老人拥有 1~2 个朋友，16.0% 的随迁老人拥有 3~4 个朋友，26.3% 的随迁老人较少与朋友一起活动，58.3% 的随迁老人偶尔与朋友一起活动。他们共同的活动主要是买菜、照顾孩子、聊天等。

其三，参与不足，社会身份遭到排斥。随迁老人的社会身份认同处于中水平，量表平均得分为 3.71。其中，语言和社区归属感得分明显低于其他 6 项，得分均值分别为 3.11 和 2.62。83.6% 的随迁老人认为自己是“外地人”。依据居住时长分组来看，在居住一年以下的随迁老人中，89.6% 的随迁老人认为自己是“外地人”；在居住三年以上的随迁老人中，这一比例仍高达 68.8%。88.2% 的随迁老人表示自己未与本地老人交往；69.4% 的随迁老人表示未曾参与过社区活动；83.3% 的随迁老人表示曾遇到过排斥“外地人”的情形。

（二）实践策略：从自我认识到个人行动能力

流动使随迁老人面临身份撤离、身份转换和身份再造带来的自我身份认同的压力。随迁老人不再从事经济生产活动，经济权能和社会支持网络被削弱。同时，随迁老人需要在新环境中，依据新的规范重建新的自我身份角色。在这一转变过程中，随迁老人出现了自我认识的混乱，也由此引发了消极情绪，并进一步对随迁老人的自我效能感造成冲击。

以李阿姨的个案服务为例。案主，女，63 岁，湖南人，已婚。案主与丈夫育有三个子女，大儿子在深圳，二女儿在上海，小儿子在长沙，三个子女均已成家。2018 年案主的大儿媳怀孕产女。由于大儿子与大儿媳忙于工作，案主独自一人来到深圳照顾孙女。来深圳前，案主与丈夫进行草鸡养殖，经济收入较为稳定。来深圳后，案主的主要经济来源为大儿子供养，且由于案主患有高血压多年，每月需要支付一定的医药费用。案主现在基本形成了市场—家—社区广场"三点一线"的生活轨迹。案主大儿媳是河源人，由于生活习惯不一致，案主与大儿媳时常发生争吵，两人关系较为紧张。案主表示自己感到烦闷焦虑，较差的身体状况加之高生活成本，也让案主担心自己是儿子的拖累。同时，案主认为尽管自己来深圳快三年了，但仍然无法适应社区的生活，也萌生了回乡的想法。

SW：您可以说说您刚来到深圳时的情形吗？

C：因为不熟悉，所以一些原本很简单的事，我也做不到。有一件事我记得很清楚，我儿媳妇教过我用电饭锅，但是我没记住，我来深圳做的第一顿饭就彻底失败了……我现在每个月都要吃 500 多块钱的药，我本来想给儿子帮忙，现在反而成为负担。

（注：SW 代表社工，C 代表案主。下同）

社会工作者在接案阶段，通过充分的聆听、肯定和赞美等技巧，与案主建立了信任关系。然而，案主的叙事中仍然充满了问题性自我认知。社会工作者通过外化问话，将问题具象化，使得问题进一步与案主个人分离，案主主体性增强，缓解问题的压迫及带来的不良情绪，实现案主的自我疗愈。

SW：从你讲述的经历来看，你似乎受到了一个东西的困扰。

C：你这么一说，我确实有这种感觉。我感觉它不是个东西，但是时不时就会出现，又像是很具体的。

SW：你也感觉到它的存在了。你觉得我们怎么称呼这个东西合适呢？

C：我也不知道怎么叫合适。我觉得它就是"无能"。

SW：好的，那我们就叫它"无能"。不如接下来你跟我说说"无能"它是什么样子的？

社会工作者在此基础上，与案主讨论问题故事对其造成影响所使用的策略，进一步刻画出案主对问题故事的感觉、看法和认识的"意识地图"，具体时空中案主与问题故事互动历程的"行动地图"，家庭、老乡、社区、社会主流看法形成的"权力地图"，并协助案主发现自身的特殊经验、资源和例外情形。社会工作者借由这些特殊经验和资源，协助案主发展自己的支线故事。

> SW：你刚才提到了，有一次你遇到了一个来买菜不知道怎么坐车回家的（人）。
>
> C：我也没去过她说的地方，但是我觉得她来买菜不是走路就是坐车，我就问她，她说是坐车。我就带她一起去车站，我怕她记错车，还帮她找她女儿的号码，打电话确认了。
>
> SW：面对难题的时候，你很有办法，也知道怎么运用自己以前的经验。你还有类似的故事可以跟我分享一下吗？

通过外化、解构和建构的历程，案主摆脱因流动带来的自我认识混乱，形成了更为正面和一致的自我认知。在此基础上，社会工作者针对案主的需求，为案主提供必要的技能培训，提升案主的行动能力，促使案主的主观认知与客观行动能力取得新的平衡，自我身份得到确定和巩固。

（三）实践策略：从群体叙事到社会支持

案主的改变是系统性的。重要他人既是案主故事的共同"书写人"，也是案主重要的外部资源。因此，社会工作者协助案主组建生命俱乐部——漂流支援队。社会工作者运用仪式定义的方式，通过叙事、回声、反馈的三步法，强化群体连接，丰富个人的故事，同时，巩固新故事。

案主邀请自己的儿子、儿媳、小广场上认识的湖南老乡共同参与了"故事发布会"。案主讲述新故事，聆听参与者对故事的反馈。"坚毅的母亲""热心的老乡"等更多的信息融入案主的故事中。案主在发布会的最后朗读了名为《发布会感言》的一封信，形成对漂流支援队成员的回声。

> SW：最后，请李阿姨来给我们读一封她写给大家的信。
> C：谢谢大家今天来参加这个活动。我刚开始其实不太敢做这件

事。刚才我儿子讲到了他小时候我带他去田里拣稻穗和红薯的事情，也让我想到了当时无所畏惧的劲头……

群体互动能够激发案主拓展出更多的可能性。为此，社会工作者可采用鹰架小组的方式。鹰架是指通过营造"贴近发展区"，链接案主的实际发展区和潜在发展区的过程。其中，前者是指个人能够独立解决问题的层次，后者则是需要他人引导或合作才能解决问题的层次（Vygotsky，1978）。社会工作者通过鹰架小组，搭建人际鹰架，即个人—注视—平行—共同焦点的小组结构，进而引发案主更多元化的叙事和更多样化的行动可能性（Vygotsky，1978），形成群体叙事。

社会工作者招募了 4 名随迁老人和 4 名本地老人作为鹰架小组的组员。小组聚焦于随迁老人与本地老人之间存在的语言不通、共同话题不足、缺乏情感交流等沟通问题，设计了以下的小组流程（见表 1）。

表 1　小组流程及鹰架设置

小组节次	小组目标	鹰架策略	主要内容
第一节	建立关系订立契约	建构鹰架	自我介绍；破冰游戏；订立小组契约；制定小组规范；说明小组鹰架
第二节	梳理自我认知	个人觉知	热身游戏（"我是谁"词语接龙）；我的自画像；一人剧场；分享
第三节	提高社交意愿	引发注视	热身游戏（桃花朵朵开）；沟通难点大家谈；情景模拟；优点轰炸（沟通版）
第四节	学习社交技巧	平行互动	知识讲解（聆听、非语言表达）；练习（传声筒、你画我猜等）；分享；家庭作业（非语言随身拍）
第五节	学习社交技巧	平行互动	知识讲解（简化表达、赞美、鼓励）；练习（寻找中心句、优点轰炸等）；分享；家庭作业（守护天使）
第六节	巩固社交自信	共同焦点	经验大家谈；故事接龙（从沟通困难故事开始）；分享
第七节	处理离别情绪	巩固鹰架	回顾小组历程；绘制鹰架彩虹图；希望树；总结

小组初期（第一、二节）：组员之间是不熟悉的，对小组活动的内容并不清楚。社会工作者采用破冰游戏、收集期待、订立小组契约以及分享感受等技巧，帮助组员建立信任关系。同时，通过预告的方式搭建同侪鹰架。在第二节小组中，社会工作者利用我的自画像和一人剧场，形成个人觉知

的叙事，探索组员的"实际发展区"。

小组中期（第三、四、五、六节）：社会工作者结合鹰架的实施策略，从意识、技巧和态度实施介入。在第三节小组中，社会工作者运用优点轰炸和情景模拟的方式，促进组员之间的链接，推动组员之间的经验碰撞和分享。组员在相互"注视"下，逐步形成了"贴近发展区"。在第四、五节小组中，社会工作者讲授沟通知识，并通过一系列的练习来推动组员的平行互动，丰富组员之间的叙事素材。在第六节小组中，组员通过故事接龙，进一步体验沟通带来的改变，强化组员的社交自信。

小组后期（第七节）：小组的最后一节，社会工作者引导组员充分表达小组体验及其带来的改变，巩固小组的成效。同时，社会工作者设计了"希望树"的环节，协助组员表达对未来生活的期待。

更为重要的是，社会工作者借由活动中的群体互动，拓展案主的人际关系网络，形成案主新的社会支持。此外，通过案主的特长（偏好），促使案主融入组织当中，让案主获得结构化的群体身份。

社会工作者邀请社区内的随迁老人参与社区举办的长者智能手机学习班、普通话学习小组、舞蹈兴趣班等活动。案主了解了社区公共服务设施的情况，也对社区过往的农耕历史留下的痕迹充满了亲切感。此外，案主智能手机使用能力的提升，也为家庭沟通提供了更多的渠道和议题。更为重要的是，案主加入了健步舞队，重拾了过去跳舞健身的兴趣，也结识了一批志同道合的朋友。案主也因为干练的做事风格，被舞蹈队的成员推选为副队长。

（四） 从故事公开传播到群体行动的实践策略

社会工作者利用策略性工具，让案主从习惯的互动循环、不断的试误学习中找到更多的可能性和行动的策略，将案主的自主性与实践责任结合。这也成为案主将自我身份、群体身份和社会身份进行整合的契机。与此同时，案主的故事既有特殊性，也有一定的群体共性。将群体共创的故事通过公开仪式进行传播，形成群体发声，以激发更多的关注，或推动结构性问题的改善。此外，社会工作者需要注重案主的资源识别、资源评估和资源运用的能力。案主可以利用正式与非正式资源，进行政策倡导和实践行动。

案主在舞蹈队中发现，跟她一样患有慢性疾病却因异地医保而需要每月自费买药的队员有七八个。在与队员进行进一步沟通中发现，他们认为

"自己不是本地居民，社保也不在当地"，因此，不能享受社区的免费健康服务。不仅如此，队伍里的个别本地老人也认为社区活动一般都是给本地居民参加的。

案主将她发现的问题告诉社会工作者。社会工作者让案主邀请 3~4 位关注这一问题的随迁老人一同开展茶话会。会议上，参会的随迁老人分享了自己的困难，也分享了自己知道的资源，如社区健康服务中心每月会举行两次义诊，办理了居住证的老年居民也可以每年进行一次免费的体检，医保关系可以办理迁移等。会议中，随迁老人形成了一个共识，即"外地老人不了解政策和资源"是阻碍他们参与社区公共健康服务的重要原因之一。为此，案主与参会的随迁老人、舞蹈队队员、本地老人的领袖商量，利用社区中秋晚会队伍的表演机会，以三句半结合舞蹈的方式，进行一次别开生面的宣传，让更多的外来老人可以认识到自己有享受社区公共健康服务的权利。

五　总结与反思

（一）研究总结

因随迁老人群体具有流动群体和老年人群体的双重属性，其面临的边缘化的推力更大，身份认同难以形成。相应地，社会工作实务干预需要突破心理学范式，转向增能视角下叙事治疗的理论与实务干预策略。本研究发现，增能视角下叙事治疗的社会工作实务干预路径包括个人、人际、社区三个层次。其中，在个人层面，协助随迁老人群体建构个人叙事以激发个人权能，确立积极的自我认知，并借由提升个人能力，达至认知与行动的结合，实现自我身份认同；在人际层面，以生命俱乐部等方式，协助随迁老人与"重要他人"形成共同叙事，丰富及见证新故事，再借以鹰架小组促进群体间形成社会支持和能力的互动，形塑随迁老人的群体身份；在社区层面，故事公开传播能够形成信息权能，加之在参与、协商基础上形成集体行动与政策倡导，建构起随迁老人的社会身份认同。

为进一步了解增能视角下叙事治疗的实践成效，本研究开启了证据为本的循证研究，设置了实验式成效测量。从调查问卷受访对象中随机选取留有联系方式的未参与项目服务的随迁老人 60 人组成对照组；从参与项目的随迁老人中随机抽取 60 人组成实验组。本研究以身份认同量表（AIQ IV）作为成效测量工具，并对数据进行了组内和组间的 t 检验。成效数据分析结果汇总如下。

其一，实验组量表各项分数均有所提升，说明接受服务的随迁老人在身份认同上发生了改变。其中，自我身份认同分数平均提升 0.83 分；群体身份认同分数平均提升 0.72 分；社会身份认同分数平均提升 0.37 分（见表 2）。通过配对样本 t 检验中的相关系数（见表 3）可以看出，$p = 0.044 < 0.05$，认为存在显著相关关系。

表 2 实验组前后测均分值

	前测平均数值	后测平均数值	平均进步数值
自我身份认同	3.78	4.61	0.83
群体身份认同	3.51	4.23	0.72
社会身份认同	3.69	4.06	0.37
身份认同（总）	3.66	4.30	0.64

表 3 实验组 t 检验结果

名称	配对（平均值 ± 标准差）		差值（配对 1 – 配对 2）	t	p
	配对 1	配对 2			
实验组前测配对后测	3.66 ± 0.14	4.30 ± 0.28	− 0.64	− 4.615	0.044 *

* $p < 0.05$。

其二，实验组与对照组之间的分数存在差异，说明干预模式是引发随迁老人身份认同改变的动因之一。前置性 t 检验发现前测数据中实验组和对照组，组内差异检验 $p = 0.863 > 0.05$ 和 $p = 0.061 > 0.05$，组间差异检验 $p = 0.315 > 0.05$，说明组员的组内和组间不存在明显差异，可以开展成效检验。进一步对两组前后测 t 检验结果进行比较，对照组随迁老人身份认同无显著变化（$p = 0.539 > 0.05$），而实验组随迁老人身份认同具有明显的提升（$p = 0.044 < 0.05$）（见表 4）。

表 4 实验组与对照组前后测均分值及检验结果

	组别	
	实验组（$n = 60$）	对照组（$n = 60$）
前测	3.66	3.68
后测	4.30	3.72
t（p）	− 4.62（$p = 0.044$）	− 0.73（$p = 0.539$）

（二）研究不足与建议

增能与叙事在社会工作实务中的融合及其在随迁老人群体中的运用，是一个崭新的挑战性的尝试。本研究提出的实务策略仍需丰富，适用对象可进一步扩展，对随迁老人群体干预的有效性检验有待深化。与此同时，在实务干预过程中发现，社会工作者与随迁老人对权能的知觉均较弱，且语言不通也成为叙事的障碍。为此，本研究提出以下实务建议。其一，社会工作者需要树立"人生即故事"的理念和权力意识，利用文化敏感性，突破主流文化的影响，以识别随迁老人群体对生命叙事及权能感的呼喊。其二，建立随迁老人的叙事资本，激发老人看见叙事的多元性和发展的可能性，并在其故事创造中赋予他们生命的价值，逐步积累和丰富随迁老人的叙事资本。其三，灵活运用语言是叙事治疗艺术性的体现，但随迁老人客观上可能存在语言不通及在主流文化压制下主观"失语"的问题。为此，社会工作者需协助随迁老人运用绘画、剪贴画、肢体演绎等多元化叙事方式，达至该群体的生命叙事和增能。

参考文献

崔岩，2012，《流动人口心理层面的社会融入和身份认同问题研究》，《社会学研究》第 5 期。

何惠亭，2014，《代际关系视角下老漂族的城市适应研究》，《前沿》第 9 期。

黄丹，2015，《重写故事：叙事治疗在未婚先孕青少女个人充权中的运用》，《华东理工大学学报》（社会科学版）第 5 期。

孔凡磊、孔梅、李程、李士雪、吕军，2020，《随迁老人国内外相关研究进展》，《中国老年学杂志》第 11 期。

刘斌志，2008，《叙事疗法在突发事件精神救助中的运用》，《重庆师范大学学报》（哲学社会科学版）第 6 期。

刘庆，2018，《文化适应与精神健康——基于对深圳市随迁老人的问卷调查》，《四川行政学院学报》第 3 期。

刘庆、陈世海，2015，《随迁老人精神健康状况及影响因素分析——基于深圳市的调查》，《中州学刊》第 11 期。

刘永明，2009，《叙事治疗理论及其在婚姻关系调适中的运用》，《社会工作》第 11 期。

宋丽玉，2006，《增强权能量表之发展与检验》，（台北）《社会政策与社会工作学刊》第 10 期。

王建平、叶锦涛，2018，《大都市老漂族生存和社会适应现状初探——一项来自上海的实证研究》，《华中科技大学学报》（社会科学版）第 2 期。

王妙，2019，《老年社会工作实践中运用叙事治疗理论模式的探讨》，《法制博览》第 5 期。

王雪、董博，2018，《城市随迁老人社区融入状况研究》，《护理研究》第 17 期。

杨菊华，2015，《中国流动人口的社会融入研究》，《中国社会科学》第 2 期。

尹新瑞，2019，《社会工作叙事治疗的研究现状及本土化转向——基于哲学文化视角》，《理论建设》第 5 期。

于晓娜，2018，《随迁老人焦虑抑郁现状调查及心理干预对其影响研究》，硕士学位论文，青岛大学。

袁莉敏、高春娣，2015，《叙事治疗在网络成瘾大学生心理辅导中的应用》，《北京工业大学学报》（社会科学版）第 2 期。

张新文、杜春林、赵婕，2014，《城市社区中随迁老人的融入问题研究——基于社会记忆与社区融入的二维分析框架》，《青海社会科学》第 6 期。

张玉玉、杨敏、洪紫金，2020，《基于层次分析法的"老漂族"城市社区融入研究》，《中国市场》第 31 期。

钟耀林，2015，《重写生命故事之美：叙事自我疗愈行动程式分析》，《社会工作与管理》第 4 期。

周爱华、廖绪，2019，《叙事疗法在老年社会工作的应用——以香港慢性病患老年人为例》，《社会工作》第 3 期。

周相君，2020，《关于中国随迁老人相关问题的文献分析》，《社会与公益》第 10 期。

庄曦，2020，《建构社会支持网络 促进随迁老人融入》，《中国社会科学报》，3 月 24 日，第 2 版。

Berger，P. 1966. *Invitation to Sociology*. Penguin Books.

Erikson，E. H. 1968. *Identity：Youth and Crisis*. New York：Norton.

Freedman，J. and Combs，G. 1996. *Narrative Therapy：The Social Construction of Preferred Realities*. NY：Norton Company.

Fritsche，I.，Jonas，E.，and Ablasser，C. 2013. "The Power of We：Evidence for Group-Based Control." *Journal of Experimental Social Psychology* 49（1）：19 – 32.

Hall，S. 1991. "Old and New Identities，Old and New Ethnicities." In A. D. King（eds.），*Culture，Globalization and the World-system*. Binghamton：State University of New York.

Levine，R. M.，Prosser，A.，Evans，D.，and Reicher，S. D. 2005. "Identity and Emergency Intervention：How Social Group Membership and Inclusiveness of Group Boundaries Shape Helping Behavior." *Personality and Social Psychology Bulletin* 31（4）：443 – 453.

Solomon，B. 1976. *Black Empowerment：Social Work in Oppressed Communities*. New York：Columbia University Press.

Vygotsky，L. S. 1978. *Mind in Society：The Development of Higher Psychological Processes*. Harvard University Press.

都市社会工作研究　第 9 辑

第 19 ~ 39 页

© SSAP, 2021

罪错未成年人生命转折研究*

——基于 21 个案例的生命历程回溯

张瑾瑜　沈　黎**

摘　要　《预防未成年人犯罪法》确立了预防为主、提前干预的基本原则，而生命转折视角提供了一种整体性视角，为未成年人犯罪预防工作提供了干预的关键时机与核心内容。本研究采用生命史的质性研究方法，以 21 个生命历程轨迹较为清晰的典型案例为研究对象，勾勒出罪错未成年人具有共性的四个转折时机：劣势累积——童年成长的监护困境；不良萌芽——校园环境的适应不良；行为畸变——不良同伴的相互感染；功能失灵——缺乏警示的司法处遇。最后，本研究提出未成年人犯罪预防社会工作服务应当结合生命转折的视角，构建横纵联动的体系协同服务机制。

关键词　未成年人　犯罪预防　生命转折　社会工作

预防未成年人违法犯罪，是促进未成年人健康成长的底线要求，是平安中国建设的一项源头性、基础性工作。如何从整体角度预防和减少未成

---

* 基金资助：国家社科基金一般项目"社会工作者替代性创伤之形成历程与应对策略研究"（20BSH160）。

** 张瑾瑜，社会工作硕士，上海市阳光社区青少年事务中心部门主任，研究方向为青少年社会工作、社会服务机构管理；通讯作者：沈黎，博士，南京理工大学社会学系教授，研究方向为社会工作伦理、社会工作督导等。

年人尤其是低龄未成年人犯罪，是当前整个社会面临的重大难题。《中华人民共和国预防未成年人犯罪法》（以下简称《预防未成年人犯罪法》）确立了预防为主、提前干预的基本原则，而生命转折视角提供了一种整体性视角，为未成年人犯罪预防工作提供了干预的关键时机与核心内容。鉴于此，对罪错未成年人生命转折的相关研究，将为后续的未成年人犯罪预防工作提供坚实的基础。

一 问题的提出

（一）未成年人犯罪预防的基本原则：预防为主、提前干预

新修订的《预防未成年人犯罪法》自 2021 年 6 月 1 日起正式施行。预防未成年人犯罪，立足于教育与保护未成年人相结合，坚持预防为主、提前干预，对未成年人的不良行为和严重不良行为及时进行分级预防、干预和矫治（姚建龙，2020：8；姚建龙、柳箫，2021：5）。在《中华人民共和国预防未成年人犯罪法（修订草案）》的说明中即阐明：未成年人实施犯罪行为之前多有不良行为或违法行为，且其早期不良行为或违法行为多数没有得到及时有效的干预。为了能够实施分级预防，有必要细化教育矫治措施，以期有效预防未成年人违法犯罪。

但是，针对未成年人的超前预防和临界预防不同于目标群体界定清晰的再犯矫治，在实践层面更易陷入服务覆盖面广、投入巨大但服务重心难以聚焦的困境。因此，青少年事务社会工作者在参与未成年人犯罪预防工作时，为了能够节约投入成本、强化服务成效，如何找准未成年人犯罪预防的介入点，成了亟待突破的现实问题。

（二）社工有效预防干预的新型视角：生命转折、精准干预

相较于刑事司法的刚性法律威慑力，作为以利他主义为原则、以科学知识为基础、以专门方法为手段的专业性助人活动，社会工作因其普适性和多样性的特点早已被广泛应用于预防未成年人犯罪领域（刘斌志、林佳，2019：46）。此次新修订的《预防未成年人犯罪法》共五处提及社会工作，为社会工作参与预防未成年人犯罪提供了合法性依据，也对未成年人司法社会工作提出了服务目标更明确、服务原则更具体、服务领域更广泛的新要求（费梅苹，2021：14）。基于未成年人偏差及犯罪行为的衍化历程，新

法明确了需要干预的行为，并根据行为性质和危险程度，分别规定了相应的干预或矫治措施，此举完善了对未成年犯的教育矫治和跟踪帮教措施，并对预防未成年人犯罪社会工作服务体系建设提供了法律依据。不过，法律本身提供的是方向性指引，如何做到有效预防干预仍需专业人员提供支撑。

生命转折视角的出现为社会工作介入未成年人犯罪预防提供了精准干预的契机。无论以"社会化"理论还是"人在情境中"的视角来解读未成年人偏差及犯罪，社会工作者均应从个体与其环境互动关系的角度进行原因分析并开展对应服务（费梅苹，2021：14）。虽然早就有学者提出生命转折对于青少年犯罪预防的重要意义（Laub and Sampson，1993：301 – 325），但相关的实证研究仍十分有限。现有研究主要聚焦于两个维度：其一，从青少年罪犯过渡到成年罪犯的生命转衔因素（Rhoades，Leve，Eddy，and Chamberlain，2016：336 – 351）；其二，青少年罪犯的生命转折因素，如家庭变故（Schroeder，Osgood，and Oghia，2010：579）、家庭贫困（Sullivan，2018）、儿童虐待（Stewart，Livingston，and Dennison，2008：51）。但关于青少年罪犯生命历程中的重要转折如何影响其犯罪行为的发展，此类研究十分有限（杨锃、周茜，2020：47 ~ 62；Lee，Moon，and Garcia，2020：87）。

既然我国目前未成年人犯罪预防的基本原则已经是预防为主、提前干预，而我们又明确了生命转折可以为社会工作者干预青少年犯罪预防提供精准干预的指导，因此，本研究以有效预防未成年人尤其是低龄未成年人犯罪为目标，聚焦探究罪错未成年人群体在生命历程中共性存在又不同于普通未成年人的关键生命转折点为何，以期为实务界的预防未成年人犯罪社会工作提供更为清晰的服务指引。

二　理论视角的选用

在过往有关青少年犯罪预防的研究中，不同学科领域的学者已经就此议题进行了丰富且深入的研究和探索。但以往研究大都采用静态的视角，聚焦罪错未成年人发生罪错行为的特定时间点来进行研究，很大程度上忽略了个体从童年时期开始在生命历程中经历的种种生命事件对其产生的持续性影响，而这些生命转折点恰恰是引发和促使个体在将来产生犯罪行为的关键。犯罪因素的复杂多元，使得平面、静态的理论视角和分析角度在解释罪错行为如何动态演变产生时往往显得力不从心。在国内，学者周路

（2003：43～49）率先开始尝试对犯罪个体的人生轨迹进行量化研究，他将人生过程中关键行为产生的时间节点称为"动点"，并以其集中趋势描述呈现犯罪群体的人生轨迹。近年来生命历程理论更是因其纵贯视角的优势在预防犯罪领域逐渐受到重视。

生命历程理论起源于 20 世纪 20 年代芝加哥学派对青少年越轨、犯罪行为及移民群体等社会问题的研究。G. H. 埃尔德（2002）在《大萧条的孩子们》一书中正式提出生命历程的概念并对该理论进行了较为完整的论述，他总结了生命历程的四个范式性主题。一是"一定时空中的生活"（lives in time and place）原理，指社会变迁的影响与限制对于出生在同一时代的个体与其同龄人大致相同，而不同时代之间的影响却不相同。因而出生在哪个年代这一关键因素将个体与某种历史力量联系起来。二是"相互联系的生活"（linked lives）原理，个体总是生活在由亲友组成的社交网络中，个体正是通过一定的社交网络才能被整合入特定的群体从而获得社会支持。而个体亦在生命过程中不断承受社交网络中他人重大生活事件的影响，如父母离异、重要家人离世等。三是"生活的时间性"（the timing of lives）原理，特定生活事件的发生时间比事件本身更有意义，例如，在符合年龄期望的适龄阶段上学、就业，如果超出了有效时段则会承受较严重的后果，如提前中断学业、偏离主流社会、长期失业等。四是"个人能动性"（human agency）原理，指的是受过类似的外部影响，所处环境相仿的同代个体，他们在生命历程中度过诸如就业、结婚、生子等关键生命事件的时间点却不尽相同甚至是大相径庭，其中正是个体的能动性和自我选择过程所起到的作用。李强、邓建伟与晓筝（1999：1～18）将生命历程理论和方法引入国内并对"生命历程"、"生命周期"、"生命跨度"及"生活史"四个相近的概念进行了辨析。包蕾萍（2005：120～133）在总结过往经验的基础上提出"时间观"是生命历程理论研究范式的重要基础。

生命历程理论因其纵贯视角的优势，相比静态平面的理论视角更能解释复杂多元的犯罪原因，能够为未成年人犯罪的超前预防以及临界预防工作提供更为清晰的切入方向。但是与其他理论视角相比，国内采用生命历程理论介入未成年人犯罪预防领域的研究尚处于探索阶段，已有研究成果较少且集中于近五年内。马岩（2013：581～584）阐述了不同时代的经典生命历程理论，包括发展犯罪学的两分法、逐级年龄非正式社会控制理论以及社会发展模式理论；费梅苹与何扬琼（2016：29～38）剖析了外来务工青少年生命历程劣势累积的趋势与城乡二元发展格局两者互动之下对其越轨行为产生的影响；尹拓（2018）基于看守所内 13 名服刑青少年的访谈，发现了监所历程对服刑青少年产生了劣势累积的转化、深化及终止三类分化作用，并对驻所社会工作服务提出了发展性建议。

普通人的生命轨迹大同小异。出生、父母陪伴的童年、学生阶段、中高考、踏入社会、就业、结婚、养育子女、退休生活直至离世，这几乎是大部分自然人都会经历的由各种阶段性重要生命事件组成的持续性过程。然而当未成年阶段这一年龄分层期中某个或一系列本应正常经历的生命事件遭到破坏或乱序时，将会使承受经历的未成年人改变原有的生命轨迹乃至影响其走向犯罪的道路。这些影响是重大且深远的，这一劣势累积的"定时炸弹"甚至可能伴随其一生且不确定何时响起。以此为思路，笔者选择生命历程理论作为介入视角开展本研究，通过案例研究予以探析印证。

三　研究方法选取与个案简介

本研究采用生命史的质性研究方法。生命史主要是指个体生命的经验历程，而生命历程被概念化为一连串个人、行为、情境的互动顺序，也就是一个生命从生到死的过程中一连串的事件与经验，以及这些事件相互影响的一连串个人状态与情境遭遇（Runyan，1982）。之所以选取生命史的研究方法，主要基于以下两点理由。其一，强调时间脉络的重要性。通过生命史研究，撰写过去生命经验的内容及意义，完整建构个案的生命世界，让我们对罪错未成年人生命的了解不仅仅是片段的。生命史研究可以提供过程性的资料，了解罪错未成年人个体蜕变的过程。其二，重视个体的主观经验。生命史研究法是将生命的历程放回历史脉络中来研究的一种方法。生命史是在探究罪错未成年人的意义架构，用以找出其行为及认知的脉络。研究相当重视问题的深度及广度，生命史的叙述是将个人如何看待自己、生活情境、时过境迁后对所处的特定观点加以呈现的过程（赖怡如，2004：78～83）。因此，通过生命史研究方法的运用，强调罪错未成年人过去的历史脉络，然后有顺序地勾勒出罪错未成年人完整的生命状况及其间生命转衔与罪错行为的关系。

基于探寻罪错未成年人群体在生命历程中共性存在又不同于普通未成年人的关键生命转折点为何的研究问题，研究者从某社会工作服务机构近一年内 150 个针对罪错未成年人的服务记录中，选择了 21 个生命历程轨迹描述较为清晰的典型案例作为研究对象。选取案例的基本情况如表 1 所示。

表 1 研究对象基本情况和生命历程轨迹

编号	生命历程轨迹	初次不良行为
CN01	（幼时）留守儿童，父母角色缺失，隔代抚养（太婆），经济条件及居住环境差→（初中）太婆过世→逃夜、夜不归宿（不良行为）→父母不以为意，家庭教育功能缺失→混迹酒吧、结交不良朋辈（不良行为）→（13 周岁）运输笑气（触法行为）案发→社工介入	（初一）逃夜、夜不归宿
CN02	（出生后）母亲出走→（幼时）隔代抚养，与父亲关系疏离→（初中）结交不良朋辈（不良行为）→抽烟、喝酒、泡吧、飙车（不良行为）→文身、退学（不良行为）、强索财物、群架站场（严重不良行为）→酒吧打工→（15 周岁）盗窃车辆（触法行为）案发→社工介入	（初一）结交不良朋辈
CN03	（幼时）母亲自杀，父亲身体不佳，由亲戚代养→与父亲关系疏离→（初中）结交不良朋辈（不良行为）→辍学、晚归、染发、文身（不良行为）→抢包（触法行为）、破坏公物（严重不良行为）案发→社工介入效果不佳→拒绝服务→（17 周岁）盗窃案发（犯罪行为）	（初二）结交不良朋辈
YP04	（幼时）在充斥家庭暴力的家庭成长→父亲因房产与亲戚发生激烈冲突，曾拿刀扬言杀人→（小学）经常与同学打架（不良行为）→学业不佳，曾被母亲赶出家门→（初中）结交不良朋辈（不良行为）→强索财物（严重不良行为）、霸凌同学、沉迷网络（不良行为）→（12 周岁）与父亲发生严重肢体冲突（严重不良行为）→社工介入	（小学）打架
XH05	（小学）9 岁时父亲因病去世，母亲因独自肩负家庭重担对其照顾减少→（小学）原本成绩优秀，父亲去世后开始厌学→（初中）厌学严重，学习成绩差→（中职）学校管控力度低→结交不良朋辈（不良行为）→晚归、夜不归宿（不良行为）、暴力行为（严重不良行为）→（17 周岁）群体性强奸行为案发（犯罪行为）→社工介入	（中职一年级）结交不良朋辈
XH06	（小学）移民，在国外经历频繁换校→父母教育观念不统一，价值观西化→回国→（高中）国际学校就读→缺乏归属感→结交不良朋辈（不良行为）→（15 周岁）贩卖大麻（犯罪行为）案发→社工介入	（高中）结交不良朋辈
QP07	（小学）五年级时父母离异，后与母、继父、同母异父妹妹共同生活，经济条件差→（初中）结交不良朋辈（不良行为）→逃课、逃学（不良行为）→抽烟、喝酒、打架（不良行为）→（中职）夜不归宿、文身（不良行为）→退学→社工介入	（初二）结交不良朋辈
QP08	（小学）8 岁时父母离异→随父到上海生活，父亲有家暴行为→厌学→父亲重组家庭，对案主照顾更少→（初中）逃学、离家出走（不良行为），处于半流浪状态→（14 周岁）偷窃为生（触法行为）案发→（15 周岁）惯偷，频繁被抓与释放（触法行为）→社工介入	（初中）逃学、离家出走

编号	生命历程轨迹	初次不良行为
QP09	（小学）11 岁时母亲因车祸去世（因父亲疲劳驾驶）→被送回老家读书，隔代抚养→（初中）未毕业即退学（不良行为）→来上海→父亲再婚，父子关系不佳（认为车祸是父亲造成）→重组家庭对其缺少管教并对其经济限制→（16 周岁）盗窃（犯罪行为）案发→社工介入→（17 周岁）再次盗窃（犯罪行为）案发	（初中）退学
QP10	（幼时）父母离异，与爷奶同住→（小学）母亲因吸毒贩毒坐牢，父亲吸毒身体差处于就医状态，奶奶因吸毒被强制戒毒→（初一）多次违反校纪校规，接触不良社会人员（不良行为）→学校社工介入→（初二）离家出走、自残（不良行为），社会关系复杂→学校、青少年社工、政府部门联合介入→重新返校→再次逃学失联（不良行为）→禁毒办、社工介入	（初一）违反校纪校规、接触不良朋辈
QP11	（小学）10 岁时父母离婚，父亲沉迷赌博，后再婚，案主与父亲关系差→（中专）厌学→结交不良朋辈（不良行为）→出入娱乐场所（不良行为）→（业余大专）闲散社会→（17 周岁）寻衅滋事（犯罪行为）案发→社工介入	（中专）结交不良朋辈
PT12	（幼时）父亲因盗窃服刑，父母离异→（小学）出狱父亲教唆案主偷窃（触法行为）→母亲再婚，不再关注案主→（初中）结交不良朋辈→（16 周岁）抢劫（犯罪行为）案发→社工介入	（小学）被教唆偷窃
PT13	（幼儿园）父亲有家暴行为→父母离异，随母生活，被诊断为多动症→（小学）受多动症影响，成绩不佳→受同学、老师的偏见（自述）→与同学打架、偷藏同学物品（不良行为）→（职校）多次家暴殴打母亲（严重不良行为）→社工介入→盗窃（犯罪行为）案发	（小学）打架、偷藏同学物品
PT14	（幼时）母亲因车祸丧失劳动能力，父亲肝癌去世→（小学）由亲戚照顾，成绩尚佳→（初中）转由母亲照顾，因身体原因无法顾及案主→无心向学、不做作业，逃课（不良行为）→（初三）与母亲争吵并家暴殴打母亲（严重不良行为）→（16 周岁）母亲报警后，与警察发生肢体冲突（严重不良行为）→社工介入→自残行为（不良行为）	（初中）逃课
PT15	（小学）家庭结构完整，父亲严格要求学习，频有打骂→四年级时因惧怕责骂而离家出走（不良行为）→在学校有跳楼自杀举动以对抗父母→（初中）常与同学发生肢体冲突→多名同学联合对抗案主→持刀和打火机挟持同学（触法行为）→社工介入	（小学四年级）离家出走
PT16	（幼儿园）父母离异，母亲再婚后不再管教案主，父亲吸毒→（小学）爷爷隔代抚养，管教方式古板→（初中）父亲病亡→与爷爷争吵冲突→（中专）结交不良朋辈（不良行为）→旷课、逃学、抽烟、文身、闲散社会（不良行为）→抢劫（犯罪行为）案发→社工介入	（中专）结交不良朋辈

续表

编号	生命历程轨迹	初次不良行为
MH17	（小学）父亲管教粗暴，家暴→案主惧怕父亲，父母感情不和→（初中）屡受校园欺凌→（初二）辍学（不良行为）→结交不良朋辈（不良行为）→离家出走并长期居住在外（不良行为）→早恋→强奸（犯罪行为）案发→社工介入	（初二）辍学
JA18	（幼年）留守儿童，隔代抚养→（小学）无心向学→（初中）初二辍学（不良行为），来沪打工→在沪居住，与父母沟通少→闲散社会，结交不良朋辈（不良行为）→（15 周岁）寻衅滋事（触法行为）案发→社工介入	（初二）辍学
JA19	（幼年）留守儿童经历，隔代抚养→（8 岁）后随父母生活，深受母亲暴力管教方式影响→（初中）厌学、沉迷网络（不良行为）、习惯用武力解决同学纠纷→（来沪）与姐姐居住，无人管教→餐饮店就业，与外卖员冲突仍习惯以武力解决→（17 周岁）持刀威胁（严重不良行为）→社工介入	（初中）沉迷网络
JA20	（幼年）被收养，养父母宠溺→来沪→（小学）因来沪环境变动，学习跟不上，开始厌学→（小学）毕业后不愿上学，休学一年→结交不良朋辈（不良行为）→不愿与养父母交流，无法管教→夜不归宿，不愿复学（不良行为）→早恋、堕胎→混迹酒吧（不良行为）→（17 周岁）酒吧打架斗殴（严重不良行为）→社工介入	（小学毕业后）结交不良朋辈
JS21	（幼年）典型复合式困境儿童，非婚生子女，母亲患有精神疾病，低保家庭→父亲利用其去居委会、学校、邻居处闹事并索要钱财→父亲暴力管教案主（殴打辱骂）→（小学）三年级时父亲不允许读书两年→（初中）辍学、晚归、文身、抽烟、喝酒、早恋、结交不良朋辈（不良行为）→夜不归宿（不良行为），在外打工→社工介入	（初中）辍学

四 罪错未成年人群体共性的生命转折

犯罪行为产生之前并非无迹可寻，除少数因不可控因素引起的突发性行为，大部分犯罪行为尤其是未成年人犯罪行为的产生主要是受其自童年时期起在成长过程中不断累积的劣势因素叠加影响。同时犯罪行为并非一蹴而就，而是从程度轻微的不良行为伴随劣势累积的趋势经历某些重要生命转折逐步发展畸变而成。

（一）劣势累积——童年成长的监护困境

家庭关系、父母道德水平、家庭教育方式等家庭因素对未成年人健康成长以及社会化的作用和重要性毋庸置疑，与之相对应的是监护缺失或不良的童年成长环境，对未成年人将来罪错行为的产生在成长过程中同样起到深远的潜在作用。早在 19 世纪 30 年代，哈佛大学即采用纵向研究的方式对一批已知的犯罪者开展生命历程研究，研究发现儿童时期的行为失调越严重，则其在成年后适应社会的能力越差，儿童时期的罪错行为极有可能持续到成年以后（Glueck，1960：283）。生命历程理论的众多衍生理论中，由美国犯罪学家 Sampson 与 Laub 在 20 世纪 90 年代提出的逐级年龄非正式社会控制理论（An Age-graded Theory of Informal Social Control）（转引自汪明亮，2008：16）主张父母监管缺失、疏远的亲子关系等影响未成年人与家庭纽带关系的因素会增加未成年人产生罪错行为的可能性。笔者对所研究的 21 个典型案例中未成年人监护困境情况进行归纳后发现现实情况确实吻合这一观点。另外根据笔者对机构内部数据的统计，目前机构在册有严重不良行为的未成年人的家庭结构不完整率（单亲、离异、再婚）高达 26%，较有不良行为的未成年人高出约 4 个百分点，较普通闲散青少年群体高出 11 个百分点，同样在群体类别上呈现行为程度与家庭结构之间的高度关联性。

> 爸爸在两天前进去（强制戒毒）了，他的肺有病。爸爸进去前爷爷从来不会关心和联系我。现在爸爸进去了，爷爷就天天来我租的房子里闹事，让我到这（司法所）来一哭二闹三上吊，让政府快点把爸爸放出来，不然里面不会给爸爸看病，他会死的。妈妈还在监狱里，舅舅家在山东，他每年会来几次然后带我去看妈妈。外婆一个星期会给我打一次电话，从不会多打一个电话。
>
> （摘自 QP10 首次常规服务记录）

案例呈现的较为显著的特征为罪错行为的家庭代际传递。如 QP10，家庭重要成员奶奶、父母均有吸毒强戒经历。爷爷不但热衷赌博，更是唆使孙女到司法机关闹事，在一系列家庭成员的影响下，服务对象从初一开始出现逃学、逃夜、结交不良朋辈、离家出走甚至是自残的行为。

> 服务对象出生后，父母由于家庭经济条件较差并育有 3 个孩子，故选择离开家乡外出至上海打工。由于当时服务对象刚出生，所以交给外祖父母在老家养育。服务对象从出生至 8 岁均在其老家生活，其间与

父母每年见一到两次面，共同生活时间非常有限。彼时服务对象未表现出脾气暴躁的情况。

　　8 岁起服务对象开始随父母一同生活。据服务对象自述其母在家较为强势，身强体壮且控制欲强。其父较为弱势，身材瘦小，每次母亲与父亲出现分歧均以父亲让步告终。在子女教育上，其母对服务对象管教较多，但其母的脾气较为火爆，对服务对象经常打骂。此阶段开始，服务对象的性格及行为习惯养成受到了母亲的巨大影响，脾气变得暴躁，遇事习惯使用武力解决。

（摘自 JA19 个案开案申请报告）

　　在典型案例中家庭暴力行为具有的代际传递性更是呈现显著的辨识度。如 YP04 从小在家庭暴力环境中成长，过程中逐步出现了打架、强索财物、霸凌同学等不良行为；与其有类似童年经历的 JA19 长大后亦习惯于用武力解决问题；自小被暴力管教的 MH17 长大之后实施了强奸行为。

　　服务对象的母亲因车祸早逝，目前他与父亲以及继母一起生活。母亲的去世对服务对象造成了巨大的冲击，他一直耿耿于怀，认为母亲的死与父亲的疲劳驾驶有关，父亲需要负很大的责任。现在父亲不但重新组成了家庭，而且对他的关心更少。

（摘自 QP09 个案开案申请报告）

　　在案例中呈现明显的还有童年重大生命事件对未成年人的影响。如重要家人过世、自杀、吸毒、服刑、出走等重大生命事件的经历对未成年人影响深远。CN01 在长期抚养照料自己的太婆过世后开始夜不归宿；CN02 和 CN03 均在儿童时期经历母亲出走或自杀事件，之后两者均与父亲关系疏离并在成长过程中产生罪错行为；QP09 在母亲因父亲驾驶不当导致车祸去世后一直对父亲耿耿于怀，而这一影响之深远甚至可能伴随其一生。

　　逐级年龄非正式社会控制理论将生命历程中反复、叠加、负面的经历称为累积的不利因素（马岩、张鸿巍，2013：583），这种积累的、发展的过程在儿童期的社会联系境况与将来可能产生的罪错行为之间架起了关联的桥梁。借鉴此思路本研究发现，监护困境的童年环境以及家庭固有罪错行为的代际传递对未成年人所产生的劣势影响是深远且持续的。这种劣势影响较少在童年时期直接显现，而是伴随这些未成年人的成长慢慢积累，形成如吹气球一般的劣势累积趋势。童年重大生命事件的发生更是未成年人罪错行为演变轨迹中的关键转折，如扎破气球一般开始引起未成年人的生命状态从正常向非正常转变。

个体具有能动性，每个个体都有分化、调节以适应环境的自我功能。因此不能断言监护困境的童年环境就是引发未成年人产生罪错行为的直接因素，但可以肯定的是，在监护困境的童年环境所开始沉淀累积的劣势影响下，未成年人在成长过程中相较正常环境下成长的个体有更大的可能性在遭遇挫折或面临人生选择时滑向偏差的一端。

（二）不良萌芽——校园环境的适应不良

除少部分偶发或突发的犯罪原因，绝大部分触法或犯罪行为的实施者早在行为发生多年前，即已有初次不良行为的萌芽，而后经历了一系列行为畸变的轨迹才导向最终的严重行为。初次不良行为绝大部分发生于学校阶段。

学校教育是未成年人发展社会性过程中的关键阶段，因此亦是诸多未成年人犯罪问题研究所聚焦的重要环节。素质教育的形式化、程序化的教育方式、忽视养成教育、校内体罚、教师挫伤自尊的软暴力等容易使学生养成不健全的人格进而走上违法犯罪的道路（莫洪宪、叶小琴，2006：17）。而学校过重的学习压力、差乱的学校环境、较少获得的自尊和自信、高压或失管的家庭环境是促使未成年人从学校偏离社会走向边缘的重要影响因素（费梅苹，2010）。

> 我孩子从小因为身材矮小又有多动症，经常被同学排挤和孤立。他不知道怎么报复，就偷偷地把同学的学习用品藏在花丛中，后来被老师和同学发现。这件事情之后，孩子就被戴上了小偷的"帽子"，只要有同学丢失物品就怀疑是他偷的。这样的环境让他不愿意再去学校。
>
> （摘自 PT13 外围访谈记录）

> 据服务对象本人反映，做出极端行为（拿刀和打火机挟持班级同学）的主要原因是长期受到班级里面几个同学的欺凌。他曾经想和解此事，但是没有成功，那几位同学还形成了联盟，事情变得更加不可

收拾。服务对象认为，这对他的学业造成了严重的影响，上课也不能专心听讲。服务对象曾回家和父母倾诉，但都没有引起关注。因此他决定用自己的方式解决。

（摘自 PT15 个案开案申请报告）

费梅苹（2010）将未成年人在初二开始的偏差现象称为"初二现象"。本研究的 21 个典型案例中，初次不良行为萌芽出现在小学阶段的有 5 人，初中阶段的有 12 人。基于此，笔者认为偏差现象在现今更为严苛的教育环境下的呈现时间点已前移至小学高年级至小升初后这一时间段内。初进小学阶段的学业较为轻松，即使是处于童年监护困境中的未成年人也能够完成正常的学业并从中获得自信与自尊，从而支撑其维持正常状态。但小学高年级起或进入初中阶段后，原本轻松的学业压力的骤增、习惯的学习环境的变化、熟悉的同学朋辈的更替，类似的环境影响变化均易使原本就背负累积劣势的未成年人在这一阶段面临人生的分化。戳破劣势"气球"的诱因可能是一次考试的失利、一次老师的批评、一次同学的嘲笑，成年人视野下的普通事件对于当事的未成年人来说可能是其当时生命中面临的最重大的生命事件，并开始促使其发生状态的变化。相较于能获得家庭及时正向支持的普通家庭孩子，经历过或正处于童年监护困境的未成年人在面对这些挫折和打击时会更加艰难。在劣势累积的趋势下，他们更易萌发初次不良行为。本研究的 21 个典型案例中，PT13 因一次报复性的偷藏行为被放大处理后逐步陷入其难以应对的校园环境，进而开始厌学；PT15 因长期的同学欺凌未受成年人重视，继而决定用"自己的"方式（以暴制暴）予以回击；JA20 插班后对学校环境与学业难度适应不良，成绩大幅下滑后逐渐产生厌学心理，不愿继续学业。

初次不良行为在程度上一般并不严重。它可能仅是一次逃课、一次打架，或是开始接触到不良朋辈，但如果得不到家庭、学校等外在支持系统的及时阻断，或是外部高压介入阻断的方式不得其法，迫切渴望认同和支持的未成年人将有极大的可能性逐渐开始偏离校园，在不良朋辈中获得他们所需要的外在支持和认同。这一阶段也被学者描述为脱嵌—整合的过程，即学校释放的"推力"导致青少年开始于正式的社会规范中"脱嵌"，而不良朋辈的"拉力"帮助他们获得区别于主流社会的自我认同，并对罪错行为起到"整合"的作用（刘江，2015：103~105）。

（三）行为畸变——不良同伴的相互感染

以不同年龄段的未成年人为调研对象的亲密关系研究表明，初中阶段未成年人的感情重心已从家人转向亲密的朋友，而友谊的需求也已从儿童期的"游戏"转变为"倾诉"（陈枚，1991：48~51）。本研究的 21 个典型案例中，结交不良朋辈同样是罪错行为产生轨迹中极为显著的关键生命转折点。21 个典型案例中有 15 个曾结交不良朋辈，其中如 CN02、CN03、XH05、XH06、QP07、QP10、QP11、PT16 以及 JA20 更是以此为其一系列行为畸变升级轨迹的开端。

笔者认为，在静态的时间节点和固定的外在环境中，个体需要的外部支持是恒定的。游离于学校环境后，在缺乏学校、家庭等外部支持的劣势影响下，迫切需要但无法获得支持与认可的未成年人势必会将目光从家庭、学校转向校外社会，结交志同道合有共同话题的同伴以获取自身缺失的外部支持，进而形成属于其自有的同伴圈。《周易·系辞上》有云："方以类聚，物以群分，吉凶生矣。"偏离社会的未成年人也更易结交有相同兴趣爱好或人生经历的朋辈形成不良同伴圈。

> 他和以前在原校被劝退的学生走得比较近，这个孩子有很多社会上的痕迹，带他去抽烟喝酒，还怂恿他去打人。他还有个玩得很要好的同学，他家里的情况也比较特殊，没有父母管教，只有奶奶照顾。有一次他们两个一起出去玩，在外面一天没有回家，这是他第一次晚上没回来，当时还报了警。
>
> （摘自 YP04 外围访谈其母记录）

未成年人在不良同伴圈内通过不同于主流文化的圈内亚文化相互作用、感染、支持与强化，以获得其一贯欠缺的自我认同和外部支持，继而促使其原本程度较轻的不良行为在进入圈内后发生畸变，或使原本并没有不良行为的未成年人在进入圈内后迅速被同化感染。

这种畸变或是行为频率上的增加，如原本每周逃一次课演变成一周数次；或是类型上的变化，如原本只是出入网吧演变成学会抽烟、喝酒，开始频繁出入其他不良场所；更大的可能性则是行为程度上的升级，从原本自害型的不良行为升级畸变为他害型的严重不良行为甚至是触法或犯罪行为，在本研究的案例中 15 个与结交不良朋辈有关的案例所展现的罪错行为轨迹均可清晰予以佐证。结交不良朋辈是影响未成年人产生罪错行为的关键生命转折点之一。在监护困境的童年环境、缺乏家庭和学校等外部支持等劣势累积的叠加趋势影响下的未成年人相比普通家庭的未成年人更易沉湎于不良同伴圈所给予的认同与支持中不愿脱离，在圈层和同伴的拉力下愈加偏离主流社会，最终逐步走上触法甚至是犯罪的道路。

未成年人在离开学校环境后即处于"没有固定工作、没有就学、缺少监管"的闲散社会状态，即开始属于闲散青少年范畴。上海在对 37 个街道 16 ~ 18 周岁的 638 名闲散青少年的调研中发现，其中约三成曾有犯罪行为，有两成有不良或严重不良行为，违法犯罪率高达 1/3，另有较大部分已徘徊在犯罪边缘（陈妙兰、刘行军，2002：35）。

> 服务对象在初二学期结束后就已无心学业，打算来沪打工，父母干涉无果后也采取了默许的态度。来沪后服务对象整天在家无所事事，在居住地周围结识到一些同样闲散的青少年后经常会跟着他们外出玩耍。
>
> 社工曾询问案件发生原因。服务对象回答："我在上海也没什么朋友，就跟邻村的小 Z 玩得比较多，经常会跟着他出去玩，有时候没地方去也就是在家附近闲逛。那天别人叫小 Z 去，我也不知道去干吗，反正没地方去就跟着一起去了。"之后服务对象参与到不良朋辈聚众引发的寻衅滋事案件中。
>
> （摘自 JA18 个案服务记录）

18 周岁以下的闲散青少年来源有两类：第一类是未成年人完成九年制义务教育后没有进一步就学就业打算，从而闲散社会；第二类则如本节前面所述，未成年人未完成九年制义务教育即开始以退学、辍学、休学等形式提前进入社会。

第二类未成年人的违法涉罪风险性更高，即未完成九年制义务教育就打断学校社会化过程，因各种原因被动或主动提前进入社会，混迹不良同伴圈的未成年人。本研究聚焦的 21 个典型案例中有 11 个曾有退学、辍学、休学、逃学的经历，其中如 QP08、QP09、PT14、MH17、JA18、JS21 更是以提前中断学业作为其一系列后续行为畸变轨迹的开端。而第一类未成年人缺乏就业技能，闲散社会长期无所事事后极可能如第二类未成年人一般被五光十色的非主流社会吸引，投身不良同伴圈。

（四）　功能失灵——缺乏警示的司法处遇

随着频频冲击公众神经的恶性案件数量增多，对于 14 周岁以下的触法或有严重不良行为的未成年人的司法处遇近年一直饱受全社会的审视与关注。在新修订的《预防未成年人犯罪法》出台之前，我国对于这一群体依据相关法律确立了如收容教养、专门学校教育、责令家长严加管教等数种措施予以教育矫治。例如，大连 13 岁男童杀人案后续的处理结果即收容教养三年；湖南 12 岁少年杀母后被警方抓捕 4 天即被释放，后续处理为接受专门学校教育。但从实践层面来看，这些措施均难以有效发挥作用，尤其在 2013 年劳动教养制度废止后更可谓"形同虚设"，导致大部分触法未成年人实质上处于失管状态。司法机关所面临的这一难以处理的困局被学者称为"养猪困局"和"逗鼠困局"（姚建龙，2014：121）。

中国未成年人司法自 1984 年发展至今历时数十载，然而未成年人警务工作推进依然迟缓。公安机关是具有武装性质的国家治安行政力量和刑事司法力量。在生命历程理论视角下，未成年人个体因罪错行为初次被公安机关扣押或教育，这一司法处遇过程理应是该个体生命历程中值得铭记一生的重大生命事件，司法权威的介入作为正式社会控制因素应能对其之后的人生选择产生重要影响。但是在实践中并非如此，在缺乏法律依据、无法实施惩戒手段、基层民警教育能力不足、民警日常工作量巨大等纠葛因素影响下，针对触法未成年人以及有严重不良行为的未成年人原本设想中的司法处遇的"惩教合一"功能失灵。

> 他们知道怎样去规避法律的制裁。因为他们看到过很多圈子里的朋友被警察处理的过程。他们知道怎样去规避，也知道如何利用自己未成年人的优势去做一些踩线的事情。他们清楚知道自己的年龄优势，所以认为这个年龄不犯罪就可以，违法不要紧。
>
> （CN01 服务社工补充访谈）

> 我在一次适合成年人参与的工作中遇到了服务对象，派出所的民警已经很熟悉他了，包括周边派出所的也是。他今天被抓进这个派出

所，明天可能被抓进旁边街镇的派出所。因为找不到他的监护人，民警也只能教育几句就放了，才 15 岁的他已经是个老油条了。

（QP08 服务社工补充访谈）

本研究的 21 个典型案例中，5 名未达刑事责任年龄的触法未成年人和 9 名达到刑事责任年龄的涉罪未成年人中，CN02、CN03、XH05、QP08、PT12、PT13 均在实施触法或犯罪行为之前就曾有过因严重不良行为违反《治安管理处罚法》而接受公安机关教育的经历。QP08 是其中最为极端的案例，从 14 岁起他即以盗窃为生，因金额和法定年龄原因无法被处理进而形成有恃无恐的心态，频繁进出派出所，陷入了"养猪困局"无法自拔。现有针对该群体的司法处遇并未起到应有的警示和教育作用，未成年人罪错行为在司法处遇之后并未画上终止符反而继续升级，最终触法或犯罪。因此笔者亦将这一环节列为四个关键生命转折点之一。

触法或犯罪行为产生之前并非无迹可寻，笔者通过所研究的 21 个典型案例回溯这一批罪错未成年人从童年时期至今的个人生命历程并形成轨迹。在此基础上笔者归纳了监护困境童年环境的劣势累积、校园适应不良下的初次不良行为萌芽、不良同伴圈作用下的行为畸变、缺乏警示作用的司法处遇这四个罪错未成年人有别于普通未成年人的，在触法或犯罪行为发生之前经历的关键生命转折。通过共性提炼与归纳，笔者尝试构建了具有一定代表性的罪错未成年人群体生命轨迹模型（见图 1）。

五　预防未成年人犯罪社会工作的发展建议

个体具有主观能动性，能够依靠自身的性格与经历克服外部环境的约束和影响来编织自身的生命历程。另外，影响罪错行为终止的良性因素还包括及时发生的关键性生命事件（如复学、就业、结婚、生子等）、心理发育的成熟、所处环境的改善以及外在支持的介入等。因此不能武断地认为未成年人经历本研究所阐述之罪错未成年人群体关键生命转折点，则其将来必然会走上违法犯罪的道路。但是即使实施违法犯罪的仅是其中的极小部分，在巨大的基数面前仍是绝不容忽视的庞大群体。

因此，相较于期待再犯矫治的效果或是刑责年龄修订后的法律威慑力，不如发挥社会工作的优势，在前端将犯罪预防的保护伞扎得更牢固些。而

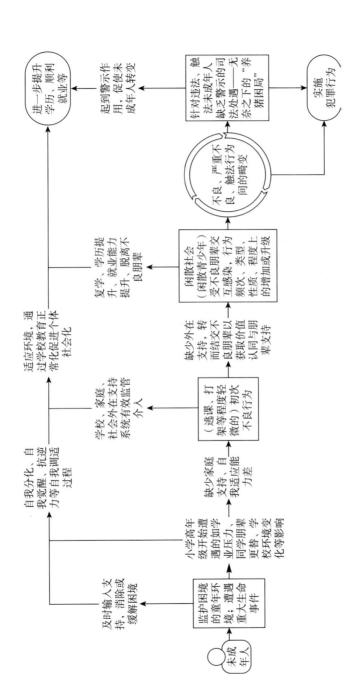

图1 罪错未成年人群体生命轨迹

针对实务界服务覆盖面广、投入巨大但服务重心难以聚焦的现实困境提供具有一定意义的服务侧重指引，正是本研究探析罪错未成年人群体生命转折的价值所在。

（一）围绕监护困境与重大事件输入支持

监护困境的童年环境以及家庭固有罪错行为的代际传递对未成年人未来的人生轨迹将产生深远且严重的劣势影响，而童年重大生命事件的发生更是生命轨迹中影响未成年人打破正常生活状态的关键。基于此，以犯罪预防为目标的困境未成年人社会工作服务应区别于普惠型的社会福利体系困境分类，将服务重心聚焦于监护困境类别的未成年人以及正在或已经历重大生命事件的未成年人。应构建自主的监护困境未成年人分类分级框架，根据困境复合类别、遭遇困境的紧急与严重程度交叉分级提供侧重不同的社会工作服务，及时输入支持，消除或缓解未成年人所处困境。

（二）重视初次不良行为萌芽的后续阻断

学校教育阶段是未成年人发展社会性、正确树立三观的关键阶段，而萌芽于学校阶段的初次不良行为更是未成年人后续一系列罪错行为畸变的导火索。基于此，作为未成年人犯罪预防的重要场域，以犯罪预防为目标的学校社会工作服务应以个案管理的模式重点关注学生初次不良行为的后续阻断，发挥社会工作的"家校社"联动优势，跳脱封闭的学校场域，联动多方力量延伸介入家庭、同伴圈等影响不良行为产生的环境，及时以充足的社会支持填补原有家庭支持的不足，支持和鼓励学生终止不良行为，阻断其后续行为畸变的发生。另外在学校社会工作普适性服务内容上关注学生因环境变化、学业压力等产生的自我适应不良等问题，加强抗逆力、生命教育等方面内容的输入，提升学生面对困难、挫折的勇气与能力。

（三）关注不良朋辈圈中的隐形闲散对象

闲散青少年并不能简单等同于失业青少年，闲散问题也不能直接与就业问题画上等号。基于此，闲散青少年社会工作服务应在重视促进就业和学历技能提升两大再社会化服务抓手的基础上，重点关注消失在社会工作者视野之外的，闲散青少年群体中那小部分游走在犯罪边缘、长期混迹在不良朋辈圈中的失管对象。通过滚雪球、外展工作、实体阵地等形式以积极向上又符合青少年喜好的活动场所、未成年人感兴趣的文体活动、轻松的交友环境、充沛的服务资讯、便捷的学历技能培训等服务供给辐射、吸纳并支持其脱离原有环境、不良朋辈、不良生活习惯等的"拉力"，获得重新回归正常生活的内外驱动力。

（四）强化司法处遇缺失的合理惩罚功能

过度的保护与放纵会使未成年人对法律威严丧失敬畏之心。在当前"偏教轻惩"的司法处遇下，触法或有严重不良行为的未成年人不足以获得终止其罪错行为实施的外在警示与内在动力，继而陷入重复实施甚至是行为升级的恶性循环。基于此，针对该群体的处遇策略应强化原本较为薄弱的"合理惩罚"功能。在秉持教育与尊重的原则下，恰当的合理惩罚能够起到威慑与矫治的作用。以司法机关主导实施的诸如关押监所体验、强制公益劳动、典型案例警示教育等处于合理范畴的惩戒措施作为社会工作者原有柔性观护服务之外必要的辅助手段，将社会工作的柔性与司法机关的刚性有机结合，惩教并举方能对未成年人起到应有的教育矫治作用并以此正向影响其未来的人生。

（五）构建横纵联动的体系协同服务机制

未成年人犯罪预防不能以管窥豹，仅仅依靠某个生命转折阶段的单一介入或完全依靠社会工作者的个体力量，而是应构建横纵联动的预防未成年人犯罪社会工作体系协同服务机制，动员多方整体力量协同式介入。

"横"是指不同领域社会工作者队伍之间的联动协作。无论是处于何种场域的罪错未成年人，其实际的问题根源并不局限于诸如学校或家庭的某一特定场域。社会工作关注个体或群体与环境的互动健康，社会工作服务的供给同样不应受限于服务对象实际所处的场域范畴。因而在横向上，体系中服务不同场域的社会工作者队伍之间应加强联动与配合，围绕服务对象弱化功能的恢复，在不同领域平行介入以达到切实的服务成效。

"纵"是指社会工作者与其他犯罪预防参与主体之间的联动协作。犯罪预防工作是一个系统性的工程，服务对象群体的多元化问题与需求错综复杂，绝非社会工作者个体单枪匹马可以独力解决的。因而体系首先应明确某个强有力的核心部门进行牵头，继而厘清各参与主体的职责与边界，确保各参与主体、资源以及服务供给有机纳入统一的体系整体，更好地发挥社会工作者居中牵线搭桥的功能优势，共同撑起一体化的预防未成年人犯罪体系的保护伞。

参考文献

包蕾萍，2005，《生命历程理论的时间观探析》，《社会学研究》第 4 期。

陈枚，1991，《儿童青少年的交友需要和友伴群的特点》，《心理科学》第 1 期。

陈妙兰、刘行军，2002，《对上海市区闲散青少年的调查报告》，《青少年犯罪问题》第 1 期。

费梅苹，2010，《次生社会化：偏差青少年边缘化的社会互动过程研究》，上海人民出版社。

费梅苹，2021，《构建"提前及分级干预"的预防未成年人犯罪社会工作服务体系——基于新〈中华人民共和国预防未成年人犯罪法〉的要求》，《中国社会工作》第 1 期。

费梅苹、何扬琼，2016，《外来务工越轨青少年的生命历程研究——以 X 村外来务工青少年为例》，《社会建设》第 1 期。

G. H. 埃尔德，2002，《大萧条的孩子们》，田禾、马春华译，译林出版社。

赖怡如，2004，《忧郁的生命长河——忧郁症父亲的生命史研究》，《网络社会学通讯》第 42 期。

李强、邓建伟、晓筝，1999，《社会变迁与个人发展：生命历程研究的范式与方法》，《社会学研究》第 6 期。

刘斌志、林佳，2019，《新世纪中国特色青少年社会工作研究：本土反思与趋势展望》，《青年发展论坛》第 3 期。

刘江，2015，《青少年偏差行为形成与再造——一种日常社会互动中反抗与适应》，《当代青年研究》第 4 期。

马岩、张鸿巍，2013，《生命历程理论视野下的未成年人犯罪防控》，载《犯罪防控与平安中国建设——中国犯罪学学会年会论文集（2013 年）》，中国检察出版社。

莫洪宪、叶小琴，2006，《学校教育的缺失与青少年犯罪》，《青少年犯罪问题》第 2 期。

汪明亮，2008，《逐级年龄非正式社会控制理论及其借鉴意义》，《青少年犯罪问题》第 2 期。

杨锃、周茜，2020，《听障青少年身份认同：在制度与生活之间——基于听障青少年群体越轨个案的研究》，《社会工作》第 1 期。

姚建龙，2014，《论〈预防未成年人犯罪法〉的修订》，《法学评论》第 5 期。

姚建龙，2019，《未成年人法的困境与出路——论〈未成年人保护法〉与〈预防未成年人犯罪法〉的修改》，《青年研究》第 1 期。

姚建龙，2020，《〈未成年人保护法（修订草案）〉述评与完善》，《预防青少年犯罪研究》第 2 期。

姚建龙、柳箫，2021，《〈预防未成年人犯罪法〉的修订及其进步与遗憾》，《少年儿童研究》第 5 期。

尹拓，2018，《服刑青少年的监所历程研究——基于 X 区看守所 13 名服刑青少年的深入访谈》，硕士学位论文，华东理工大学。

周路，2003，《青少年罪犯群体人生轨迹实证研究》，《青年研究》第 11 期。

Glueck, S. 1960. "Ten Years of Unraveling Juvenile Delinquency." *The Journal of Criminal Law, Criminology, and Police Science* 51（3）：283 – 308.

Laub, J. H. and Sampson, R. J. 1993. "Turning Points in the Life Course: Why Change Matters to the Study of Crime." *Criminology* 31（3）：301 – 325.

Lee, W., Moon, J., and Garcia, V. 2020. "The Pathways to Desistance: A Longitudinal Study of Juvenile Delinquency." *Deviant Behavior* 41（1）：87 – 102.

Rhoades, K. A., Leve, L. D., Eddy, J. M., and Chamberlain, P. 2016. "Predicting the Transition from Juvenile Delinquency to Adult Criminality: Gender-specific Influences in Two High-risk Samples." *Criminal Behaviour and Mental Health* 26（5）：336 – 351.

Runyan, W. M. 1982. *Life Histories and Psychobiography: Explorations in Theory and Method*. Oxford University Press.

Schroeder, R. D., Osgood, A. K., and Oghia, M. J. 2010. "Family Transitions and Juvenile Delinquency." *Sociological Inquiry* 80（4）：579 – 604.

Stewart, A., Livingston, M., and Dennison, S. 2008. "Transitions and Turning Points: Examining the Links Between Child Maltreatment and Juvenile Offending." *Child Abuse & Neglect* 32（1）：51 – 66.

Sullivan, M. L. 2018. "Developmental Transitions in Poor Youth: Delinquency and Crime." In *Transitions Through Adolescence*, pp. 141 – 164. Psychology Press.

都市社会工作研究　第 9 辑

第 40 ~ 52 页

© SSAP，2021

社会工作介入老年人意定监护制度研究

刘晴暄　徐天虹　冯梦龙[*]

摘　要　2020 年 5 月 28 日，十三届全国人大三次会议表决通过了《中华人民共和国民法典》（以下简称《民法典》）。其第三十三条规定："具有完全民事行为能力的成年人，可以与其近亲属、其他愿意担任监护人的个人或者组织事先协商，以书面形式确定自己的监护人，在自己丧失或者部分丧失民事行为能力时，由该监护人履行监护职责。"《民法典》的通过，标志着我国意定监护时代的正式到来。在应对全面高龄化社会、尊重成年人"自我决定权"、保障老年人"生存正常化"等方面，意定监护制度具备独特优势。我国意定监护制度确立的时间较短，各项配套机制仍显不足，在全国已完成的 700 余例意定监护案例中，仍存在服务与需求不匹配等诸多问题。社会工作的核心价值理念与意定监护制度"尊重自主决定权"的理念不谋而合。本研究基于国内意定监护实践现状，参考国外社会工作者参与意定监护的经验，从公证处、社区两个层面，阐述老年人意定监护所面临的困境，分析其中的原因，探讨社会工作如何整合各种资源，并将自身嵌入意定监护制度。

关键词　老年人意定监护　意定监护制度　社会工作

*　刘晴暄，上海师范大学哲学与法政学院社会学系副教授，研究方向为老年社会工作、社会工作教育等；徐天虹，上海师范大学社会工作专业硕士研究生，研究方向为老年社会工作；冯梦龙，上海师范大学社会学专业硕士研究生，研究方向为老年社会学。

一　引言

（一）研究背景

第七次全国人口普查主要数据结果显示，我国60周岁及以上老年人口达到2.64亿人，占总人口的18.70%，与2010年相比，60周岁及以上人口的比重上升了5.44个百分点，人口老龄化程度进一步加深。中国老龄协会发布的《认知症老年人照护服务现状与发展报告》指出，目前我国超过1.8亿名老年人患有慢性病，60岁及以上老年人中老年痴呆患者约有1507万人。伴随全面老龄化的到来，患病及独居老年人群体面临各式各样新的生活难题。例如，做手术找不到人签字，子女消极照管，孤独感难以排解等。诸如此类问题的解决并不依赖老年人的经济状况，缺乏养老风险防范意识或找不到理想的赡养办法才是问题所在。

2020年5月28日通过的《民法典》将意定监护的适用人群范围扩大至所有具有完全民事行为能力的成年人，并且规定意定监护优先于法定监护，有力地保障老年人群体丧失行为能力时能够有所养、有所依。目前，全国有三百余家公证机构已陆续参与到意定监护公证业务中来，上海部分街道居委会和专业社会工作组织也在民政部门的统筹之下，于2019年下半年加入老年人意定监护的行列中。

（二）研究意义

意定监护制度从尊重案主自决权、维持生活正常化等角度出发，鼓励当事人事先签订意定监护协议并以书面公证的方式确定监护人，是实现独居老年人"最大化利益"原则的有效途径（李霞，2011）。我国人口老龄化的现实情况也决定了老年人群体对意定监护制度有强烈需求。意定监护首先可以解决部分老年人的养老困境，使其晚年生活有所保障；其次可以重新建立类家庭关系，满足老年人晚年的精神慰藉需求；最后可以帮助老年人树立积极的养老观念，乐观看待和度过晚年生活。

社会工作具有促进个人福祉和社会正义、改善个体的生活环境、帮助服务对象恢复和提高受损的社会功能、提升生活幸福感的功能，其价值理念与意定监护制度有很多共同之处，都强调尊重服务对象的人格尊严、法律地位和自主决定权；为服务对象提供必要的协助，维持其正常生活。社会工作者很容易理解并认同意定监护制度的工作理念和原则，迅速有效地嵌入意定监护实务，缓解法院、居委会、公证处等方面的压力，协助各类资源的整合，从而实现自身专业性的巩固与发展。

二　研究回顾

（一）国内外相关文献回顾

周雪凤将老年人意定监护制度与委托代理制度和遗赠扶养协议进行比较，重点论述意定监护合同的成立生效、合同主体、合同内容以及意定监护监督制度。他建议意定监护合同必须通过书面形式，且采用公证与登记的双轨制，为老年人意定监护制度提供双重程序保障（周雪凤，2016）。

刘旭对老年监护制度提出以下几点完善建议：首先，扩展老年监护的范围，可借鉴日本的方法，对认识能力长期处于欠缺状态的老年人设立监护，对认识能力显然不足的老年人设立保佐，对认识能力不足的老年人设立辅助；其次，健全老年监护和监督制度，根据老年人的意愿选择监护监督人，首先考虑近亲属，没有近亲属的老年人由当地民政部门或社会保障部门担任监护监督人；最后，明确监护人在人身照顾和财产管理方面的具体职责（刘旭，2016）。

王建平和冯玉林认为失独老年人意定监护制度旨在破解失独老年人的养老困局，保护其判断能力不充分时的个人权益，其实质是老年人自身对个人利益的一种预设性保护，类似于民事信托制度。失独老年人对意定监护的需求更加迫切，由失独老年人管理机构担任监督人最为妥当，应尝试建立专门的监护机构或将社会福利团体纳入监护人范围。在自然监护人方面，应排除不合格人选，由村、居民委员会担任监护人（王建平、冯林玉，2014）。

在英国和美国，意定监护制度被称为持续性代理权授予制度，在德国被称为预先性授权制度，在日本被称为任意监护制度。美国于 1979 年实施持续性代理权授予制度。授予代理人代理权限的法定授权文件，指定人为本人，被指定人为代理人，契约以本人成为无行为能力人为条件，条件成立时，代理人成为本人的合法授权代理人。此契约仅证明代理人有代理权限，至于代理人应如何执行权限并无规定。此制度的优点是代理人可以就本人所无法预知的医疗技术做出对其利益最佳的代理决定，避免老年人亲属间因照护意见不一致而产生争执。

德国于 1990 年颁布预防性代理照顾法，即为预防自己将来因高龄化导致痴呆或脑中风等疾病、其他不可预测之事故，使自己陷于不能自行意思决定或表明意思时，预防性授予意定代理权（Gampton，2004）。自然人、社团或官署机关皆可担任照护人，职业照护人团体、名誉照护人团体皆可向法院推荐照护人名单，当本人无适当亲朋好友成为照护人选时，此种照护人社团即成为照护人选之社会资源。

综上，国内关于老年人群体意定监护制度的研究目前主要涉及失独和空巢两类老年人。学者们都肯定该制度在保障老年人生活、弥补其行为能力缺失等方面的作用，肯定该制度建立的必要性，提倡法定监护与意定监护相结合。从意定监护制度的具体内容来看，已有研究涉及监护主体、监护人资格、监护人职权、监护合同、合同的成立/生效/终止等诸多方面。此外，学者在研究意定监护制度的同时，也提到了对实务的发展建议，如建立监护监督制度、登记制度，提出在养老院、敬老院等养老机构进行监护试点，培养专职监护人，由失独老年人管理机构担任监督人，设立专门的监护机构或将社会福利团体纳入失独老年人的监护人范围等。

（二）境外意定监护的社会工作介入

境外有关成年人监护制度的研究已经相当深入，实务经验也十分丰富。社工积极参与老年人监护工作，如充当监护人、辅助监护人、评估老人的行为能力和监护需求、评估监护人胜任能力、监督监护人。

美国监护决策中的社工介入：美国法庭的监护宣告包括无民事行为能力的确定、被监护人的需求判断和监护人任命。一般而言，被监护人也是申请人。美国成年监护案件的审理分为预审、裁判、裁判后三个阶段，社工在各个阶段扮演不同的角色。

预审阶段，社工主要评估申请监护的原因并考虑监护宣告的最佳利益获得者。申请监护可能是因为遇到了危机事件、突发恶疾或至亲之人死亡。这些都可能导致当事人在自我照顾、财务管理方面出现问题，社工有必要对申请监护的原因进行评估。此外，考虑到很多监护案件并非本人或法定部门申请，社工必须考虑监护人任命对谁最有利、监护究竟为谁服务等伦理问题，预防监护人利用身份剥削或侵占弱势老人的财产而不提供任何帮助等现象的发生。

裁判阶段，社工主要作为心理健康专家和法庭访客。过去，美国的监护评估工作主要由医师或心理学家完成，如今越来越多的州法规定社工以精神健康专家的身份做出评估。康涅狄格州、肯塔基州和俄克拉荷马州已将社工纳入监护案件评估体系。众多研究表明，专家意见对监护案件的审判结果有重大影响，法官通常将专家出具的诊断报告作为判断当事人是否具有行为能力的标准。另外，社工作为法庭访客，出席听证会。社工评估当事人的监护需求和监护人的胜任能力，并向法庭做出报告。

裁判后阶段，社工辅助监护人、充当监护人或监督监护人。首先，社工辅助监护人，为监护人提供各种与监护相关的服务信息，使被监护人得到更好的照顾。其次，社工作为专业保健人员，可以申请成为监护人。社工作为监护人，直接对老人负责，定期向法院提交报告。最后，社工作为监督人，通过拜访医养护理中心、与监护人面谈等方式确保老人得到必要的照护。

日本监护工作中的社工介入：日本老年监护工作中，社工作为监护人或监护人胜任能力的评估者。首先，社工作为监护人。日本为防止出现意定监护欺诈案件，监护人实务培训已被纳入社会工作的专业培训课程。日本高港区有数据显示，在亲属外第三方监护的专业队伍中，律师、社会福祉士、行政书士位列前三位，社工作为监护人，人数仅次于律师（岩崎香，2006）。其次，社工评估监护人的胜任能力。监护人选根据请愿任命，家事法庭按照规定程序对请愿人成长历史进行调查，社工参与监护人资格评估，被认为十分重要。

我国台湾的老年人意定监护实务发展中，社工也积极介入并发挥作用。社工往往受雇于公益性社会团体或医疗健康卫生服务体系，可以判断甚至决定个体是否有接受监护之必要；医务社工评估认知症患者的支持系统，必要时为患者提交监护申请并处理后续问题。

随着经济和医疗卫生服务的不断发展，老年人的社会风险意识逐渐增强，我国会有越来越多的老年人有事先确定监护人的需求，境内外社工的监护工作经验值得借鉴，社工介入老年人意定监护值得期待。

三 研究方法与设计

（一）研究设计

本研究以公证处和居委会的工作人员为研究对象，首先回顾与老年人意定监护有关的文献资料，如老年人意定监护制度、意定监护的公证实践、国内外社会工作介入老年人意定监护实践等，然后根据对访谈记录和观察资料的整理，分析社会工作介入老年人意定监护的可行性，探索社会工作的介入路径。

（二）研究方法

本研究采取质性研究中的深度访谈和参与式观察两种研究方法。笔者以"老年人意定监护"为切入点，对公证员和社区工作者进行深度访谈，整理归纳公证处和居委会在老年人意定监护工作中的实务探索及遇到的问题、对社会工作介入的态度及建议，进而探讨社会工作介入老年人意定监护的可行性和介入路径。通过对有意定监护需要的失独老年人群体进行深入访谈，发现老年人对意定监护制度的看法和需求，从而准确地对老年人意定监护的实务困境进行分析，探讨社会工作介入的可行性和介入路径。

四　研究内容

（一）老年人意定监护的公证处困境

1. 公证员作为协助者的困境

公证员作为协助者，当老人在几个人选之间犹豫、无法确定心意时，公证员要帮老人进行分析，从老人的最大利益出发，给出建议，由老人做最终的决定。当老人合心意的对象表示不愿意做监护人或愿意当照护人但不愿意当监护人时，公证员要根据经验，判断对方是否合适，根据双方的监护意愿决定是否进行调解。因此，在公证员对老人的问题、需求和受委托方的背景、监护意愿十分了解的基础上，协助才可能是有效的。很多来公证的老人表示"没有合心意的监护人选，希望公证员帮忙找一个"，这种情况下，公证员接受咨询、帮助老人分析可能的监护人选，但如果不能解决"没有监护人"这个根本问题，协助也可能是无效的。

2. 公证员作为评估者的困境

公证员作为评估者，首先，需要评估老人的问题和需求，确定老人是否有做意定监护公证之必要；其次，评估受委托方的监护意愿和胜任能力，确定是否签署意定监护公证协议；再次，综合老人的问题和需求，评估受委托方应被给予哪些权利，确定监护内容、监护何时生效等具体的协议细节；最后，当受委托方提出申请，要求监护人资格生效，公证员需实际走访老人的住所以评估老人的精神状态，走访精神卫生鉴定中心以评估医疗报告是否真实，最终确定是否出具监护人资格证明。在此过程中，公证员与老人的接触和交流时间有限，对受委托方也很难做到详细的调查，因此对老人的需求和受委托方的监护能力难以做到全面评估；由于对认知障碍缺少了解、医学方面的知识相对匮乏，公证员在评估老人的行为能力、确定是否出具监护人资格证明时，也十分头疼。

3. 公证员作为监督者的困境

公证协议规定"出售、出租委托人名下的不动产或动产，签署买卖或租赁合同，收取相应出售款或租金，该等买卖或租赁行为必须以公证方式做出，并将买卖或租赁所得款项提存在公证处"。公证员作为监督者，公证处代为保管老人的财产，可以在一定程度上防止监护人侵占老人财产，但如何为老人实现财富的最大化，需要财富管理行业的专家和其他专业人才共同想办法解决。此外，如果监护人在经济上虐待老人，即限制或阻碍老人消费，则公证处很难监管。

（二）老年人意定监护的社区困境

1. 社区工作者作为协助者的困境

社区工作者作为协助者，在老人有意定监护意愿时，协助老人确定监护人选、签订意定监护协议；在老人实际出现智力障碍时，协助申请行为能力鉴定、促使监护人资格生效；在监护人履行监护义务时，提供与监护有关的各类信息，协助监护人行使监护职责。社区工作者作为协助者，从接受老人的咨询开始。事实上，社区工作者在代书意定监护协议、申请行为能力监护和提供监护信息等各类事项上，经验相对缺乏、能力有所欠缺。

2. 社区工作者作为调查员的困境

作为调查员，社区工作者要对老人的问题、需求、申请意定监护的原因、监护候选人的监护意愿和胜任能力等进行调查，在此基础上，为老人代书意定监护协议，约定监护生效条件和监护内容等具体事项。事实上，由于社区工作者数量有限、专业能力有限，社区工作者的工作主动性和积极性不高，意定监护实务工作中的调查员角色未能有效发挥作用。

3. 社区工作者作为监护人的困境

法律规定居委会具有监护人资格，无民事行为能力又无法定监护人的老人，在没有其他合适的监护人选时，居委会要承担监护人职责。因此，老人在未出现认知障碍时提议或表示希望由社区工作者担任自己未来的监护人，完全是有可能的。社区工作者作为监护人，承担监护职责，负责与老人有关的几乎所有事务。考虑到社区工作者目前的人员数量和专业能力，社区工作者作为监护人几乎是不可能的。

五　研究发现

（一）公证处困境的原因分析

公证处困境主要指公证处或公证员在为老人提供意定监护服务的过程中遇到的问题或困难。造成这些问题的因素是多样的，有公证处自身因素，有服务对象个人因素，还有传统社会文化因素。

1. 公证处自身因素

意定监护公证之所以没有得到较快的发展，从公证处自身来看，主要有以下三个原因。第一，公证处的接待能力有限，很多老人即便有意定监护的公证需求，也不能及时享受到服务。第二，意定监护涉及复杂的家庭问题，耗时较长，对公证员的专业能力和综合素质要求很高。第三，意定监护公证属于新的工作领域，没有既定的工作模式，主观上愿意进行意定监护公证探索的公证员并不多，目前只有少数公证员能提供相关服务。

2. 服务对象个人因素

老年人意定监护公证的主要服务对象有以下几类：无法定监护人，如孤寡老人或失独老人；法定监护人不适合监护，如老人与法定监护人关系恶劣、法定监护人长期在国外；老人有多个法定监护人，但对个别子女更加信任。从服务对象个人因素来看，有以下三个原因。第一，老人想做意定监护但没有合适的监护人选。第二，即便有合心意的监护人选但唯恐对方不愿意，老人不和对方商量就跑来做公证。第三，老人的法律知识有限，对意定监护也不熟悉，公证员往往要花很多时间了解老人的问题和需求并向其解释什么是意定监护。

3. 传统社会文化因素

中国传统的三代同堂、家庭养老的观念深入人心，公证处从老人的现实问题和需求出发，在肯定和维护传统家庭养老、子女养老的基础上，强调发挥老年人的主动性，为家庭情况特殊的老人提供意定监护服务以使其老年生活有所保障。制约意定监护公证发展的社会环境因素包括：中国传统的养老文化和老年人的固有价值观；中国老年人的独立意识、自我养老意识相对欠缺，对子女的依赖程度较高；目前意定监护没有在社会上进行大范围宣传，绝大多数人不太了解；监护人身份的社会认同具有不确定性，公证处出具的监护人资格证明能在多大程度上得到医疗卫生单位和金融部门的认可，目前并不确定。

（二）社区困境的原因分析

社区在老年人意定监护实践中的探索十分有限，但在有限的工作中已经发现了许多问题，如基本的调查工作不到位，工作过程没有形成书面的文字记录，社区工作者不能主动提供意定监护服务，等等，这些问题的存在受多方面因素的影响。

1. 社区自身因素

制约社区意定监护实务发展的社区自身因素，主要是社区工作者数量有限和专业能力限制。首先，社区工作者数量有限，这是制约社区意定监护发展的首要原因，这个问题不仅社区有，公证处和民政部门也有。

其次，专业能力限制，笔者访谈的三位社区工作者都对社区工作者介入监护工作的专业性表示怀疑。社区工作者大多不具备法学方面的专业知识，他们所做的书面材料立足于事实调查，鲜活但缺乏公信力。社区工作者所写的材料，可能连基本的调查工作都没有做到全面真实，材料的可信性、社会认可度势必受到影响。

2. 社区工作环境的因素

制约社区意定监护实务发展的环境因素，包括但不限于社区监护工作的体系没有建立，缺乏工作范本，工作人员不知道怎么做；居委会介入是否得到社会认可并不确定，工作人员担心做了没用。社区意定监护的工作体系未建立，没有可供参考的工作模式，笔者访谈的三位社区工作者都对社区介入老年人意定监护表示无从下手。

社区意定监护工作体系尚未建立是制约社区意定监护发展的因素之一。社区工作者设想的解决方案都存在问题、目前难以执行，而居委会工作指导手册中又没有相关规定，社区意定监护工作无从下手。尽管法律明确规定了居委会有指定、担任、监督监护人的权利义务，但因社会宣传有限，大多数人对意定监护并不了解。社区工作者对法定的监护职权尚且缺乏信心，大众是否认可居委会的监护资格更不确定。

关于社区监护工作的环境安全问题，笔者与工作人员交流后发现，居委会的工作环境缺乏安全保障也是社区工作者介入意定监护的顾虑之一。社区工作者认为监护工作可能涉及老人未来的财产分配，有可能引发或激化家庭矛盾。考虑到有意定监护需求的老人通常面临复杂的家庭问题，之前也发生过社区工作者被殴打事件，有的社区工作者担心社区介入老年人意定监护可能使自身安全受到威胁。因此，社区工作环境缺乏安全保障是部分社区工作者介入老年人意定监护的顾虑之一，也是制约社区意定监护发展的一个因素。

综合上述社区工作者对社区介入意定监护提出的种种质疑，我们可以看到，诸多顾虑的背后实则是社区工作者对意定监护不熟悉，存在认识误区。究其根本，意定监护是一个新的领域，宣传力度小，社会大众对其普遍不了解是主要因素。

六　研究结论和建议

（一）相关结论

当前我国社会发展中出现的诸多社会问题的有效解决需要发展社会工作。中国正经历快速的社会转型，经济全球化和市场经济体制导致某些社会功能失调，专业社会工作的发展具有必然性。近年来，党和政府十分重视专业社会工作的发展，李克强总理在 2015 年十二届全国人大三次会议上所作的政府工作报告中首次提到"发展专业社会工作"，专业社会工作的发展被寄予很高期望。社会工作介入老年人意定监护，从解决失独、孤寡等特殊老年人群体养老困境的现实出发，积极探索社会工作的行业发展。

（二）社会工作介入老年人意定监护的路径

1. 国外社会工作介入的经验

国外老年人意定监护工作中，社会工作者积极介入。以美国为例，美国监护案件的审理包括预审、裁判、裁判后三个阶段。预审阶段，社会工作者主要负责评估监护案件的申请原因并考虑监护宣告的最佳利益获得者；裁判阶段，社会工作者被越来越多的州纳入监护评估体系，社会工作者以精神健康专家的身份做出评估，评估当事人的具体监护需求以及监护人的胜任能力，法官通常将专家出具的诊断报告作为当事人是否具有行为能力的判断标准；裁判后阶段，社会工作者可以辅助监护人、充当监护人或监督监护人（Quinn，2005）。因此，国外的社会工作者在老年人监护工作中扮演多种角色，社会工作者可以作为监护申请人、充当监护人、辅助监护人、作为评估专家、监督监护人等，这些国外经验是国内社会工作者介入老年人意定监护的有效参考依据。

2. 社会工作介入的优势分析

社会工作介入老年人意定监护，主要有以下三点优势。首先，社会工作具有促进个人福祉和社会正义、改善个体的生活环境、帮助服务对象恢复和提高受损的社会功能、提升生活幸福感的功能（王思斌，2007）。其次，社会工作和老年人意定监护有许多共同的价值理念，都强调尊重服务对象的人格尊严、法律地位和自主决定权，社会工作者很容易理解并认同意定监护的工作理念和原则。最后，境外有很多社会工作介入老年人监护工作的具体经验可以借鉴。

社会工作的宗旨是所有人得以充分发展潜能，专业社会工作注重问题解决和改变。从社会工作的国际定义出发，社会工作重视促进社会中的个人福祉和社会正义。老年社会工作通过提供经济援助、生活服务和心理辅导，协助调适老人的家庭关系，挖掘潜能并提高其自助能力，使老年人安度晚年。

（三）社会工作介入老年人意定监护建议

2020 年通过的《民法典》第三十六条规定，被监护人住所地的居民委员会具有指定、担任和监督监护人的权利义务。居委会被赋予重大监护使命，责任重大、意义重大，却也困难重重。随着专业社会工作的不断发展，政府主导的社会服务如社区工作、民政工作将相互融合、彼此嵌入。因此，专业社会工作与社区、民政部门的嵌入发展，是社会工作介入老年人意定监护的路径之一。至于专业社会工作者是以内部工作人员的形式加入社区和民政体系，还是作为社会组织以政府购买服务的形式介入，则需具体分析。

在梳理国内意定监护实务困境的基础上，借鉴国外社会工作在老年人意定监护实务领域的经验，笔者认为社会工作可以从以下几个方面介入。

（1）作为监护人。社会工作者作为监护人，可以弥补监护人不足的现状，直接对老人负责，并定期向法庭或其他监督部门上交报告。同时，为了保护社会工作者监护人的安全和权益，可以在合同性质上按照社会工作者种类进行细分。在以满足老人的自我需求为核心的前提下，按照不同的标准进行分类，将部分监护权意定给擅长该领域的社会工作者。在监护的权限上，可以分为全权监护和部分监护，全权监护即对所有有关老人事项的监护，部分监护即对部分事项的监护，如有关财产方面的监护。

（2）作为辅助监护人。专业的意定监护社会工作组织可以作为辅助监护人，为监护人提供各类服务信息；对监护人进行培训，提高监护人的监护能力；可以参与监护需求、行为能力评估；参与监护人职权评估，防止或减少监护人权利滥用，使监护人在合适的范围内行使权利。

（3）参与监护需求、行为能力评估。社会工作者擅长对个体及其所处的环境进行全面评估。在国外，社会工作者被赋予协助法院、医院出具意定监护申请人行为能力报告、参与监护需求评估的职能，社会工作者团队很好地补充了专业评估机构人手的不足。社会工作者对行为能力多采取综合判断，也符合申请人"最大化利益"原则。在美国，法庭宣告行为能力时也会参考社会工作者的调查报告。

（4）参与监护人胜任能力评估。为防止或减少监护人权利滥用，日本对监护人资格审核有严格的规定。评估报告是家事法庭认定监护人能力、监护人是否符合意定监护申请人意愿的重要参照。社会工作者在对监护人进行全面调查之后，可做出关于监护人胜任能力的评估报告。

（5）参与监护人职权评估。老人的问题和需求是个性化的，目前意定监护协议中以全面监护为主，监护人权利和责任都很大，为防止或减少监护人权利滥用，社会工作者应事前评估老人的问题和监护需求，报告监护人应被授予的权利，使监护人在合适的范围内行使权利。

（6）监督监护人。监护人实际履行监护职能时，社会工作者可以通过拜访医养护理中心、与监护人面谈等方式确保老人得到必要的照护，避免或减少监护人权利滥用或不作为。社会工作者可以被赋权以监督监护人行使其权利与义务，将其权利与义务的履行情况向意定监护监督机构定期进行报告，进而形成系统化的、合理化的意定监护监督体系。

值得注意的是，虽然监督人和监护人都很重要，但意定监护协议签订之后，老人通常并非立刻需要监护，对监护人的监督更是在监护人资格生效之后。因此，笔者认为监护人才队伍的创建目前更为紧要。专业社会工

作者应在如何做好监护人、辅助监护人，如何评估老人的监护需求和行为
能力等方面重点探索。

参考文献

纪冬梅，2020，《论我国意定监护制度的完善》，《法制与社会》第 36 期。

李霞，2011，《意定监护制度论纲》，《法学》第 4 期。

李欣，2021，《意定监护的中国实践与制度完善》，《现代法学》第 2 期。

刘旭，2016，《我国老年监护制度研究》，硕士学位论文，山东大学。

沈黎，2009，《社会工作国际定义的文本诠释》，《社会福利》第 5 期。

王建平、冯林玉，2014，《失独老年人意定监护的制度设计》，《天府新论》第 2 期。

王思斌，2007，《我国社会工作发展的新取向》，《学习与实践》第 3 期。

周雪凤，2016，《老年意定监护制度的构建》，硕士学位论文，华东政法大学。

岩崎香，2006，"成年後見制度とソーシャルワークにおける権利擁護（アドボカシー）（特集成年後見制度と精神保健福祉士——時代の要請にかかわる）." *Japanese Journal of Psychiatric Social Work* 37.

Crampton，Alexandra . 2004. "The Importance of Adult Guardianship for Social Work Practice."
Journal of Gerontological Social Work 43（2 – 3）：117 – 129.

Quinn，M. J. 2005. *Guardianships of Adults：Achieving Justice，Autonomy，and Safety*. Springer.

都市社会工作研究　第9辑

第 53～69 页

© SSAP，2021

政府授权与政府购买服务平台运作研究

——以 S 市 P 区政府购买服务平台为例

马丹丹　　范明林[*]

摘　要　政府购买服务是强化公共服务供给和构建服务型政府的重要实践。政府购买服务平台的成立背景、组织环境和功能定位决定了它的行动逻辑，它需要与包括政府、社会组织、民众在内的行动主体发生互动，特别是作为平台的发起方——政府，政府通过内生和授权为其生存提供了资源保障和权利保障。以政府购买服务平台为枢纽筑起了合作治理的组织结构，包括纵向的层级联动和横向的同类支持，这也是设计者有意促成的结果。在 S 市 P 区，政府购买服务平台之间形成了互助体系，以"一主二辅"的政府购买服务合作模式互嵌式向前发展。特定区域内的政府购买服务平台的整合能够带动其他参与主体的凝聚，深化和扩展合作治理的服务网络，进而打破区域化的分割和限制，并综合各方优势促进自我发展和激发组织活力。

关键词　政府购买服务平台　合作治理　内生　授权

---

*　马丹丹，上海大学社会学院博士研究生，研究方向为社会组织、政府购买服务等；范明林，上海大学社会学院教授，研究方向为社会组织、社会工作实务等。

一 研究背景和问题

随着城市化进程的快速推进，承载公共服务的社会结构也出现了分化。政府部门之间缺乏沟通或者沟通不力，"致使政策目标无法顺利完成"（费月，2010），社会治理共同体难以形成（张新文、黄鑫，2017）。在此情境下，政府统计口径不一和缺乏整体意识造成了服务对象信息的碎片化，社会治理规模的扩大造成服务流程的碎片化（孔娜娜，2014），基层政府社会治理价值观念差异和对公共利益认识不足以及责任缺失造成治理理念的碎片化，多元治理主体参与性不足和协同机制不健全造成供给方式的碎片化，权责与资源配置不合理和纵向权力层级过多造成权力结构的碎片化等，严重阻碍了城市社会治理的进程，也容易激起社会潜在的矛盾（李祥、孙淑秋，2018）。基层治理发展的可持续性受到客观事实的牵制，社会治理实践中各级政府根据自身实际情况发展出不同的治理逻辑，从而引发社会组织非协同性治理与策略性应对（黄晓春、嵇欣，2014）。

为防止碎片化带来的负面影响，"基层政府亟须构建将参与主体和资源进行整合的合作平台和自助运作的社会治理体系，摆脱治理失灵的困境"（张国磊、张新文，2018），即打破"治理主体彼此独立、治理方式互相排斥、治理机制不能衔接、治理行为难以互动、治理结果虚化无效的特定治理状态"（陈文，2017）。项目制"作为新旧体制衔接过程中既得利益补偿的一个重要机制，为合作治理逻辑的汇合搭建了一个制度平台"（折晓叶、陈婴婴，2011），虽然它是依附在科层制体系上的一套完整的政府管理机制（杜春林、张新文，2015），但目前已成为各级政府进行"技术治理"的重要载体，以项目制为核心确立了新的国家治理体制，将常规的组织架构打破重组（渠敬东，2012）。在项目制运作中，枢纽型社会组织的涌现和作用发挥能够把社会生活中分散的、个性化的服务需求与多样的供给机制对接（郁建兴、吴玉霞，2009），与政府协作促进主体协同和发展平衡。枢纽型社会组织是由政府内部生产出来的，不是纯粹的体制外事物，在急剧变迁的制度环境下，政府需要通过控制它的运作解决社会治理危机，二者之间利益高度一致（田凯，2004）。

从我国现有的发展经验来看，政府以枢纽型社会组织承接政府购买服务平台的职能带动多元主体参与公共服务，打破了原本独自承担的局面，探索出了一条由政府、枢纽型社会组织、基层社会组织以及其他社会主体竭力合作、共建共享的治理道路。其中，政府主要负责权力赋予、资源输送以及监督指导；政府购买服务平台负责供需对接、关系协调、信息传递以及监管评估；基层社会组织负责项目执行、目标落实以及接受评估；第三方评估机构负责过程和质量监督；等等。基于此，由不同层级建立的组织架构是社会治理中较为普遍的纵向合作模式，体现了参与主体全面、操作系统性强以及服务分工细化等特点。而从全局中审视政府购买服务体系可以发现，由不同主体的纵向联动和同类主体的横向支持相结合才完整地形成了合作治理的组织网络。基于上述背景，本文将围绕以下问题展开探讨：第一，政府购买服务平台以及平台之间形成了怎样的运作模式？第二，对此，可以进行怎样的理论思考与分析？

目前，政府购买服务项目由各级社会组织服务中心或相关的社会组织负责发布项目信息、召开项目评审及负责项目监管等，这类组织及其具体执行该项任务的某个部门通常被称为"政府购买服务平台"。本研究按照典型性和特殊性的原则，选取 S 市 P 区三家由社会组织承担的政府购买服务平台，其中，按照组织等级来划分，包括 1 家区级层面（CJ）、1 家街道层面（JY）和 1 家社区层面（YZ）；按照组织类别来划分，包括 1 家社会团体、1 家民办非企业和 1 家社区基金会。需要说明的是，CJ 是 P 区唯一一家区级政府购买服务平台，JY 是 P 区街道标配政府购买服务平台的代表，YZ 是 P 区社区层面少有的政府购买服务平台之一。

本文通过对 CJ、JY、YZ 三家政府购买服务平台的负责人、主管、干事深度访谈收集研究资料，访谈内容包括平台的建立、运作模式、服务内容、资源支持以及面临的问题等。

二　P 区"一主二辅"的政府购买服务平台运作模式

根据市委"创新社会管理，加强基础建设"的要求，P 区通过利益引导建立了分散有序、适合本地发展的政府购买服务运作模式。政府购买服务平台通常以特定区域作为提供服务的界限，但因部分社区政府购买服务平台职能发展不够完善，该区域大部分项目供需对接由区级政府购买服务平台代为提供，但与政府的职能逐渐分割和剥离。同时，街道应上级要求和自身需求积极发展本街道层面的政府购买服务平台，形成各个政府购买服务平台都有所为的局面。限于篇幅，以下对政府购买服务平台运作模式有详有略地予以阐述。

1. CJ 代理政府购买服务的运作模式

CJ 通过供需对接的实践探索创新政社合作的新机制，由公益园区的"管家服务"上升为"项目服务"，以项目为抓手，充分利用枢纽型社会组织的地位优势，推动社会治理行动共同体的形成。其主要接受 P 区 JY 街道、LJZ 街道、YH 街道、ZJD 街道、ZP 街道、HT 街道、ZQ 街道、HM 街道、DM 街道、XC 街道、地工委、残联、妇联、共青团、红十字会、工会等主体供需对接业务的委托，并自主设计了一套服务流程保障业务的开展，具体有以下步骤：第一，协助政府确认需求，并召开需求发布会；第二，组织项目评审，协助供需双方建立契约；第三，实施项目监管，保证项目服务达到预期成效。

2. JY 代理政府购买服务的运作模式

P 区大多数政府购买服务项目由 CJ 向外发布，并由其指定第三方评估机构对项目进行监管。这不仅是因为 CJ 政府购买服务平台设计了一套完整的操作流程能够保证实现委托人的预期目标，还包括对政府资源的充分利用，按照 P 区民政局的规定，通过 CJ 组织项目评审不需要支出服务费用，且由 CJ 安排评估机构可以享受区民政局对项目评估费用一半的资金支持。但又不能抛弃"自家组织"，因此，JY 常常借助与 CJ 的合作间接扶持本街道政府购买服务平台和社会组织的发展，由此促成了"双平台"共同合作的局面。

JY 在街道的支持下，接受党办、残联、侨办、自治办、妇联、信访等部门的委托，助力社会组织发展和规范政府购买服务项目化运作。街道把项目委托给 CJ 进行供需对接和项目监管的同时，也会赋予 JY 一定的资源和权力鼓励其创新供需对接服务模式，希望借助其力量培养本地项目品牌。具体有以下步骤。

第一，项目前期：借助 CJ 寻找共同负责供需对接的社会组织。

街道委托 JY 进行供需对接的项目，先由双方确定项目运作的主题和项目金额，紧接着，按照 CJ 的要求撰写项目需求方案书，并借助 CJ 寻找优秀的承接主体与其共同筹划 12 个子项目的服务主题、服务人群、项目目标以及项目管理方式，最终以微项目运作、层层筛选的方式把任务的难度进行分解，即通过 CJ 找到的社会组织并不是项目的具体执行者，而是后续与 JY

共同组织项目供需对接和质量监管的策划者和统筹者。

第二，项目中期：参照 CJ 流程筛选子项目的承接主体。

通过 CJ 中选的社会组织，在项目执行前，需要再次进入社区，根据实际情况排摸和完善项目方案，与 JY 共同商讨和确认子项目的需求设定以及商讨项目评审事宜，进而协助其召开项目需求发布会和评审会，筛选出 12 个子项目的承接主体。

第三，项目后期：委托 CJ 安排评估机构对中选组织和子项目进行双重评估。

JY 通过"委托前期中选的社会组织对 12 个子项目进行监管，同时，又委托 CJ 安排第三方评估机构对前期中选的社会组织进行跟踪评估"的双层监管体系来保证项目绩效，其中，中选组织对子项目进行监管是通过项目契约的方式内化成其必须履行的职责，而第三方评估机构关注中选组织项目完成情况和预期目标的实现情况，其实是对子项目完成质量监管的进一步巩固。

CJ 一直作为"背后力量"支持着 JY 的运营，辅助 JY 供需对接功能的正常发挥。JY 虽根据自身的实际情况，探索了一条多方合作促进供需对接的运作模式，有利于本土项目品牌的挖掘和培养，但在工作过程中一直处于需要外界协助的状态，尤其是对 CJ 和中选社会组织的依赖，不利于自身功能的发展和完善。

3. YZ 代理政府购买服务的运作模式

YZ 是一家由所在街道办事处发起成立的地方性公募社区基金会，旨在整合多方资源打造基层社会治理生态链进而推动社区公益服务，业务主要是面向本街道内的企业和社区居民进行劝募，并以项目的形式或者物资捐赠的形式反哺社区。在业务运作的基础上整合了政府、居委会、公共事业单位、商业机构、居民自组织、社会组织等多元利益相关方，除募集社会资金开展救助服务外，还"扮演资助型基金会的角色，为社区和第三方社会组织搭建平台"（施从美、帅凯，2020），在项目制的运作下形成服务本社区多元发展的公共服务治理模式。

"征集资源—直接提供救助—建立供需对接平台—委托社会组织提供服务—吸引更多的社会资源"等基金会功能的拓展，在 YZ 的维护下自动生成了一套良性服务供给体系。具体服务主要有以下步骤。

第一，项目前期：与 CJ 联合发布社区立项需求挖掘方式。

　　YZ 需要借助 CJ 的力量向外发布信息，但 YZ 还扮演了"半个委托人"的角色，以委托方的身份向参选项目的社会组织提出要求，宣告竞选规则等。与以往不同的是，项目发布会并不发布具体的服务需求，而是告知在场的社会组织本年度"街道的重点工作"和"计划强化的社区服务领域"以及"申报项目的途径"，其中，项目申报的类型、实施的领域主要依据社会组织自身的服务特长和社区调研来自主抉择；项目策划重在社区调研，掌握社区治理过程中面对的问题，切实通过项目方案设计和执行协助社区解决问题。

　　第二，项目中期：YZ 在 CJ 的协助下召开项目评审会。

　　一般情况下，YZ 在项目方案上交截止时间后的 7 天内组织召开项目评审会。在评审会召开之前，YZ 联合 CJ 共同邀请评审组专家成员，但本项目评审组成员的安排略有不同，因项目资金主要来源于社区，所以在保证专业力量的同时，需要由一定数量的居民代表作为大众评审出席。经过多方商议，最终的评审团主要由四方力量组成，即政府相关负责人员、高校或实务专家、CJ 工作人员以及居民。大众评审与其他三方力量评审的打分按照一定的比例进行分配，而参选的社会组织以综合得分较高者获胜。

　　第三，项目后期：YZ 委托 CJ 安排第三方评估机构负责质量监管。

　　同样，委托 CJ 寻找第三方评估机构进行项目评估可以节约项目成本，减轻 YZ 的工作负担。而关于监管的方式、次数以及注意事项等，由第三方评估机构和 YZ 根据项目金额进行协商即可。

　　YZ 之所以被认为是政府购买服务平台，一方面，其是由政府筹建的社会组织，并在政府的组织领导下，不断提升自身动员社会募捐的能力为社会组织提供资金和信息的支持，以社区创投的方式吸引优秀项目服务社区，走出一条以"社"养"社"的新型基层社会治理路径；另一方面，YZ 主要依靠基层政府的行政权力和公信力筹集社区资源，尝试制作社区公益项目菜单，推出"社区微公益招投标平台"致力于"培育组织、培育项目"，并积极鼓励社区捐赠人代表组建"大众评审团"，与专业评审一起参与项目评标会，成为供需双方对接的桥梁，充分调动公众的积极性和参与性。这一职能的丰富，让 YZ 成为集捐赠、招标、评标、监督于一体的枢纽平台，并建立了以 YZ 为中心的社会治理网络。

　　为满足社会治理需求，CJ、JY 和 YZ 在创新社会治理的过程中均承担起政府购买服务平台这一职能，CJ 作为 P 区主要的项目供需对接平台，在职能上与 JY 和 YZ 互相嵌入，抱团发展，初步形成了"一主二辅"的治理模式，不仅能够加强平台间的联系和发展，还能促进社会组织融合和创新。政府购买服务平台在服务政府和社会组织的同时，通过彼此间的功能交叉完成政府委托的任务，并形成了紧密合作的共同体，平台之间资源共享组织网络得以通畅。通过 P 区政府部门的努力，以 CJ、JY、YZ 为代表的政府购买服务平台均已探索出与自身能力相匹配的运作模式，成为全国各地学习的标杆。

三　内生与授权：政府购买服务平台运作模式理论分析

在政府主导下，政府购买服务平台联合社会组织、第三方评估机构，合力完成政府购买服务项目的运作，虽然现阶段，各行动主体在职责分工、项目服务的专业性以及规范性上还有待提升，但合作治理的组织架构已经完善。政府购买服务平台之间能够实现互助与协作，这与政府的支持和引导密切相关，政府通过内生和授权为政府购买服务平台的运作提供了根本保障。

1. 内生关系建构下政府购买服务平台对政府的生存依赖

研究发现，政府与政府购买服务平台呈现一种内生的关系，CJ、JY 和 YZ 均为官办性社会组织，根据社会治理的需要发展为承载政府改革创新的政府购买服务平台，以完成项目供需对接为职责，整合社会组织和社区资源为公众服务。

（1）资源依赖：政府以项目合作的方式培养 CJ 成为核心枢纽

社会组织发展需要从外界获取足够的资源和权力，而政府作为最大的资源拥有者，为社会提供公共服务是其应尽的职责，在这样的背景下，两者基于契约的方式开展合作。而由于业务的特殊性，项目供需对接工作的承接主体必须是政府熟悉度高、值得信赖、可以掌控的社会组织，因此，内生社会组织成为首选。

> 对社会组织来说，资源、项目就像食物一样，必不可少。
>
> （摘自 CJ1 的访谈稿）

我们最开始是管理公益基地，后来，争取到做供需对接这一块的工作，区政府还特意推出扶持文件吸引街道把项目投放在我们这，对于我们来说，一下子获益很多。

（摘自 CJ2 的访谈稿）

CJ 凭借与政府建立的内生关系和服务基础，获得承担项目供需对接工作的资格。区政府作为委托人，制定政策以供需对接服务费用全免的方式吸引区域内各街道把项目投放给 CJ，同时，以项目的形式进行周期性购买与 CJ 开展合作。借此，CJ 成为 P 区最重要的政府购买服务平台，依托供需对接做好政府和基层社会组织的服务工作。

（2）组织关联：政府创建 JY 共同完成平台的探索工作

各街道以社会组织服务中心为载体打造属于自己的政府购买服务平台，组织本辖区的政府购买服务供需对接，政府与政府购买服务平台是相互独立的主体，但实质上，两者之间存在很强的组织关联。组织关联是在委托、信任与合作的基础上交互作用，以提升组织效率为目的，彼此相融，互为建构。

以前新入驻的社会组织都以为我们是政府工作人员，项目靠政府固定购买，办公场地由政府提供，工作的内容也很相关，说是一个独立的组织，平时就像政府的一个部门一样，上面交代什么工作，我们就做什么，我们想要做什么也要向他们汇报。

（摘自 JY2 的访谈稿）

由于组织之间的内生关系，JY 相当于政府的"编外人员"，政府是社会组织服务中心的建设者，也是资源的提供者和权力的主导者，它为 JY 搭建了代理政府购买服务供需对接的"舞台"，并通过制定规则指导项目和组织的运作。JY 通过寄生与融合实现与政府的信息共享和资源互补，实现稳定和发展。

在政府购买服务运行中，我们与街道保持着高频率的互动，发生任何事情，我们都是一起解决的。项目的供需对接目前成为我们最为主要的工作，而我们现在还不能完全胜任。

（摘自 JY1 的访谈稿）

供需对接决定着政府购买服务项目的质量和政府社会治理的成效，因此，受到多方重视和资源的广泛投入。在 P 区已有政府购买服务平台的前提下，为 JY 提供尝试的资源探索能够迎合本地需求、展示本地特色的社会治理新模式，进一步说明 JY 与政府进行组织关联能够让 JY 获取丰富的活动空间。政府允许 JY 在小范围内进行探索，引导其在行业内更好地立足，也是通过 JY 践行自己的治理理念，全面掌握社区和社会组织的实际情况。

（3）亲密合作：政府依靠行政系统助力 YZ 功能正常发挥

YZ 作为整合资源和分配资源的重要平台，解决了项目资源来源单一化和服务需求制定脱离公众的问题。这是因为，YZ 深耕社区，掌握居民最真实的想法和最急迫的需求；YZ 也可以培养和孵化社区社会组织，激活社区各类服务力量提供社区服务；此外，YZ 具备组织项目供需对接、培养居民自治理念和增强社区凝聚力的能力。

> 街道全部负责了我们基金会的注册资金，还给我们办公场地、基础设施等，你看，这些办公的东西也都是街道提供的。
>
> （摘自 YZ1 的访谈稿）

> 街道会帮助我们和社区建立关系，每年我们开始募捐时，先是街道把这个信息传递给居委会，再由居委会召集楼组长挨家挨户地收集善款，要是我们自己去，基本上都会吃闭门羹。
>
> （摘自 YZ2 的访谈稿）

由政府通过行政系统调动社区力量协助 YZ 募捐资金解除了公众心中的疑虑。不过，当 YZ 获得居民的信任后，此类问题也就迎刃而解，在业务开展过程中也能获得更多自主权。YZ 经历了"对政府资源的依赖"到"对政府行政系统的依赖"，最后到"凭借自己的职能做到行动自主"的过程，这标志着 YZ 依靠专业服务能力获得了政府和公众的认同。

其实，政府与政府购买服务平台之间是一种失衡的内生关系，政府通过政府购买服务平台提供项目供需对接的服务功能以更好地回应社区需求，而政府购买服务平台通过与政府组织关联和亲密合作获取更多生存和发展的资源，两者基于各自目的进行双向选择，但是在相互嵌入的过程中，政府购买服务平台处于被动地位，由于资源的过度依赖而受制于政府，甚至为了获取更多的资源成为政府的附庸，完全丧失独立自主的地位。

2. 政府对政府购买服务平台的差异化授权过程

政府购买服务平台作为社会治理体系中重要的组成部分，有利于形成本土化的社区服务模式。因三个平台成立背景、组织形态、运作模式以及服务能力等的差异，政府对其授予的内容和权力也有所差别。可以从"关系性授权、位置性授权和职能性授权"三个概念方面分别对 JY、YZ 和 CJ 的运作状态进行阐述。

（1）关系性授权：政府权力的分隔与平台的专属代理

在内生关系的引导下，政府对政府购买服务平台进行授权，赋予其负责政府购买服务项目对接、社会组织能力支持以及基地管理的权力，并以"专有性"保证辖区内的组织权威。在开展项目的过程中，政府对政府购买服务平台以及社会组织也产生了很强的依赖感，通过不断的授权赋能激发政府购买服务平台的行动力和其他参与主体的创造力，从而更好地满足社会治理的需求。

> 政府扶持我们成立后，先让我们营造公益园区的氛围，邀请社会组织入驻，代替它对社会组织进行管理和服务，并为了更好地服务社会组织，又让我们尝试承接供需对接服务，但我们能力差，只能先邀请社会组织一起来做，街道没有讲我们浪费资源，只是希望我们能够尽快提升服务能力，对我们还是比较宽容的。
>
> （摘自 JY1 的访谈稿）

政府以定向委托的方式把供需对接的业务委托给 JY，这是对 JY 最好的保护和支持。JY 相对于已经成熟的社会组织，在竞争力和业务开展能力上存在很大的差距，为了减少不必要的争执，在政策允许的范围内，政府直接打破规则向其转移职能和资源。实质上，JY 更像是与政府进行合作的外接力量，因此，政府工作职能的顺延分配为 JY 业务的拓展创造了前提条件。

> 政府做的是引领性的工作，制定规则、规范或者一些需要引导社会组织紧跟时代热点的工作，而我们就是把这些予以落实。
>
> （摘自 JY1 的访谈稿）

作为政府的专属代理保证了 JY 发展的可持续性，随着关系不断加深，政府职能转移表现出更多的随意性、灵活性和多样性，JY 也以全面揽收的方式接受政府交付的任务，进而与政府共享资源和信息。JY 在此种关系中获得了更多的发展空间和更高的社会地位，但也逐渐被政府繁杂的任务所牵绊。

> 最后事情越来越多，多到我们做不完，每天都有这样那样的要求进来，我们也没人可以再分配，当然，再累也不想有其他人可以分配，有组织和我们做同样的事情，我们的地位就不保了。
>
> （摘自 JY1 的访谈稿）

繁杂的政府工作使得 JY 陷入行为的困境，一方面，政府委托工作内容的增加，意味着自身服务能力和行业地位的提升，这同时也说明政府信任度增加；另一方面，在政府工作的强大压力下，JY 严重缺乏提升自己服务技能和把握服务重点的精力和时间。对此，值得思考的是，政府与社会组织之间的委托代理要保持精准性和专业性，政府应根据社会组织的承受能力有限度地进行授权，社会组织也要根据自身的专业服务能力有选择地承接，只有这样才能保证参与主体集中精力推动公共服务事业的发展。

（2）位置性授权：政府授予平台网络中心和资源中心的地位

政府购买服务平台在政府购买服务运作体系中占据中心地位，供需对接业务的开展使其成为政府和基层社会组织沟通、交流的枢纽。YZ 作为社区基金会，在获取居民资源的同时，协助他们建立需求表达机制。街道可以借助 YZ 整合多方资源，降低资金来源的单一性和项目服务固化带来的风险。社区基金会也要不断拓展合作对象，开展项目研发和服务模式创新等工作，力争走"资金筹集多、项目立项好、需求对接准、评估质量高"的路线。

> 社区基金会在社区发展，该如何自处，我们也找到了一个好位置，既与政府建立适当的联系，又可以通过募捐、救助帮扶深深扎根社区，保证有源源不断的资源可以进来，自由相对也会多一点。
>
> （摘自 YZ2 的访谈稿）

　　YZ 得到政府位置性授权，为其探索政府购买服务运作模式提供了充分的条件。首先，街道助力 YZ 成为公募性质的社区基金会，并通过行政系统为其畅通募捐路径；其次，YZ 拥有筹资和掌握社区资源的权力，街道授予其项目的立项权、评审权和分配权，通过供需对接业务的发挥把公众、政府、社会组织、政府购买服务平台以及第三方评估机构串联在一起，形成紧密合作的服务网络；最后，街道引导 CJ 的力量助力 YZ 改革供需对接机制，提升项目服务质量。

　　　　虽然我们组织项目评审，看似根据民意得出由谁来承担，但是，最后结果还是由街道审核的，而且评审中本身也有街道人员的参与，他们要二次把关的。

　　　　　　　　　　　　　　　　　　　　　　（摘自 YZ2 的访谈稿）

　　目前，社会治理资源的获得主要来自政府的支持，造成社会组织与政府之间的非对称性依赖，而由于 YZ 兼具政府购买服务平台和社区基金会的双重身份，在职能发挥的基础上，能够实现资源的"自产自销"，并可以充分调动起公众社会参与的积极性。与以往政府购买服务运作模式相比，社会治理的资源从政府转移到政府购买服务平台，这有利于政府、政府购买服务平台以及社会组织之间形成平等合作的关系，巩固政府购买服务平台的枢纽地位。但资源的支配权依旧由政府掌握，YZ 也并未实现真正的权力和意志自由。

　　（3）职能性授权：政府对平台的职能传递与平台职能一体化

　　职能性授权是政府和社会组织最主要的合作方式，即政府通过项目合作把职能的一部分转移给社会组织，由社会组织负责具体执行，而自己成为幕后管理者，对项目和社会组织进行监管，这是政府"简政放权"、提升公共服务效率的重要手段。政府对 CJ 的职能授权最为明显，并促使其走向职能一体化。

　　　　政府授权我们参与政府购买服务运作过程，从社会组织的筛选到签约，再到项目监督，一步步走过来，我们还是收获很多的。当初把部分职能转出来，是应对政府社会体制改革，也帮助我们充实了职能。

　　　　　　　　　　　　　　　　　　　　　　（摘自 CJ1 的访谈稿）

通过供需对接和项目服务的授权，政府减轻了自身的行政负担，以专业化的公共服务供给促进政府购买服务质量的提升，并充实了政府购买服务平台的业务内容。政府和政府购买服务平台共同合作致力于建立健全项目供需对接模式和形成覆盖整个项目周期的监管体系，推动行业规范和强化社会组织能力建设。政府从服务的生产者转向服务的监管者、购买者和协调者，营造了合作、开放的社会治理环境，并根据实际需要不断拓宽授权范围。

> 记得有一年，新领导上任了，要收回这个职能的委托。这块工作已经变成了我们组织的重心，如果被抽走了，我们组织肯定也就垮了。
>
> （摘自 CJ3 的访谈稿）

CJ 和基层社会组织一样，通过承接政府发包的项目维持组织运作，由于长期沉浸于项目服务提供，形成了对项目的固定依赖和刻板的应对模式，而荒废了自身服务能力的提升和项目资源的拓展，当突然遇到政府试图中止项目的情况时，对其来说将是致命的"打击"。CJ 对政府严重依赖导致其处于权力和资源的"悬空"状态，项目式合作为政府随时"抽离"和"抛弃"平台提供了便利条件。

职能性授权、位置性授权和关系性授权并不是相互独立的，而是共同作用于政府购买服务平台，但因政府购买服务平台的特点不同，每种授权类型的影响程度有所区别。目前，政府购买服务平台尚处于发展阶段，各方面都还不完善，对政府也有着不同程度的依赖，这是不可避免的，但是，政府购买服务平台可以通过拓展项目资源和深化自身服务技能，把自身打造为资源中心和网络中心，逐步走向独立，实现自身与政府之间的地位平等。仅从授权来看，三个平台终将从功能单一化向功能一体化、全能化以及多元化发展。

政府购买服务平台的行为受到其与政府之间关系的影响，且两者之间的关系类型和行为模式并不是永久固定的，这取决于政府对政府购买服务平台的资源供给和授权程度以及政府购买服务平台的自主意愿等，当然，还受到政府购买服务平台性质的制约，例如，YZ 拥有筹集资源的能力，能够做到项目资源的"自给自足"。总体来说，三个政府购买服务平台逐渐彰显出各自的优势，CJ 严谨的工作流程和专业服务能力，JY 组织多元主体联动与创新本土品牌相结合的服务路径，以及 YZ 集资源筹集、分配、供给于一体的链条式运作，都为政府购买服务的发展带来希望。"CJ—JY—YZ" 为我们呈现了政府购买服务平台与政府"依附—互依—独立"发展的可能性。

四　政府购买服务平台运作模式的总结

CJ、JY、YZ 三个平台都是社会治理创新的产物，通过数年的经验积累和平台之间的交流合作，已经形成了独具本土特色的、系统性的运作模式。P 区政府购买服务运作中由区政府、CJ、街道、JY 和 YZ 五类主体支撑起本区域内的政府购买服务并形成合作治理的小网络。总体来说，P 区政府购买服务平台运作模式具有以下特点。

1. 政府购买服务平台之间行动统一，建立了紧密的互助关系

P 区政府购买服务是相对分散的，由各个街道自行安排立项和采购的相关事宜，因此，政府购买服务平台所接收的项目需求各不相同。项目立项没有政府部门进行归口管理，而项目需求可以依托政府购买服务平台集中投放，全区大额项目基本由 CJ 来负责，JY 和 YZ 在 CJ 的支持下尝试对接本街道内的小额项目，三者结合自身特点创立了适合自身的运作模式，协助街道对社会组织进行管理和服务。具体而言，各参与主体在政府购买服务运作中扮演的角色如下。

第一，区政府作为委托人，委托 CJ 承担全区层面项目供需对接的事务性工作，包括项目发布、评审、监督和管理，并委托 CJ 协助各委托人安排第三方评估机构监管社会组织服务以及审批资助街道的评估费用；第二，JY 和 YZ 在代理本街道小额项目对接服务时，发挥与 CJ 相同的功能，模仿 CJ 的业务开展流程，尽其所能地完成街道交托的任务；第三，在项目成功对接之后，由 JY、YZ 供需对接的项目，统一由 CJ 寻找第三方评估机构对项目开展监管评估。

但深入探究也发现，CJ 缺乏权力和资源，把发展重点放在服务政府、为政府控制延伸寻找新路径上，以求获取项目持续性供给，难以带动 JY 和 YZ 突破性发展，给予它们应有的指导和建议，也无法充分调动街道的资源为政府购买服务平台的发展提供支持和更为广阔的空间，因此，全区政府购买服务平台整体发展速度十分缓慢。

2. 政府购买服务平台专业能力提升，政府控制逐渐松动

CJ 通过专业化、一体化的政府购买服务流程建设，组织地位和行业形象大幅提升，并能够协助街道和社区层面政府购买服务平台的筹建和职能发挥，在特定情境下，以专家的角色指导政府和培育政府开展社会治理的能力。YZ 依托社区基金会的身份，承担政府购买服务平台的运营，使得公众的"初始委托人"身份明显展现出来，公众通过受益体验能够直接影响项目的立项和实施，从而保证项目资源的有效利用，并随着公众对社区基金会的支持度和认可度不断加深，YZ 对政府的依赖性也逐渐降低。又因 YZ 有着特定的行动逻辑，如每年必须完成一定数额的经费支出，通过项目确立和实施反哺社区，所以，政府这一委托人不得不"让权"，约束自己对 YZ 的"意志输入"，最终实现了"政府购买服务平台因身份特殊和权力的增加"而自主性得到提升的局面。此外，需方的立场变异也会造成政府与公众之间的博弈，由于权力、地位和资源的不平等，政府必须尊重和维护公众的利益，主动降低对项目运作的行政干预。这为 CJ 和 JY 的发展指明了方向，也为政府购买服务平台与政府行动博弈提供了重要参考。

3. 运作模式不断优化，居民真正作为需方参与立项决策

从"CJ—JY—YZ"的发展历程中可以看到，JY 根据自身能力，在复制 CJ 供需对接流程的基础上，先依靠 CJ 选择一家优秀的社会组织协助后续项目承接主体的筛选，紧接着，依靠该组织对真正进行项目实施的承接主体进行筛选和支持，打造本地项目品牌，实现了"以社管社、助社"的服务模式；而 YZ 是对 CJ 的政府购买服务流程的进一步优化，从"引导社会组织实地挖掘需求"到"吸纳大众评审筛选社区项目"，再到"借助流程的完善提升供需对接的契合度"，从而促进项目资源的有效利用，把"真正的需方"和"最终的受益者"合二为一，由公众根据切身体验筛选项目，进而促使政府降低对平台以及项目的干预度和提升社会治理的社会化程度。总之，JY 和 YZ 在模仿的同时，结合本地治理环境，走出了一条"样板—突破—创新"之路。

P 区形成了以枢纽型社会组织为核心的多层次、制度化、组织化的合作治理模式，打破了传统政社分散合作的运作逻辑。其中，政府购买服务平台之间也形成了互助体系。但由于政府购买服务平台的"出身"先天带有政府行为的意志，并在业务开展的过程中，处处显现政府的"身影"，以"二政府"的形象树立在社会组织视域中，在服务社会组织的同时，协助行政权力延展到社会服务领域，对于政府购买服务项目的社会化、市场化的运作有一定的干扰。因此，想要摆脱政府的控制，首先应培养政府购买服务平台的独立性，吸纳公众的力量挖掘自身潜能，优化现有的运作逻辑，促进参与主体地位平等和各地均衡发展。

参考文献

陈文，2017，《城市社会"碎片化治理"的生成机理与消解逻辑》，《经济社会体制比较》第 3 期。

杜春林、张新文，2015，《项目制动员的碎片化及其治理研究——基于 S 县后扶项目的实证考察》，《甘肃行政学院学报》第 5 期。

付伟、焦长权，2015，《"协调型"政权：项目制运作下的乡镇政府》，《社会学研究》第 2 期。

费月，2010，《整体性治理：一种新的治理机制》，《中共浙江省委党校学报》第 1 期。

孔娜娜，2014，《社区公共服务碎片化的整体性治理》，《华中师范大学学报》（人文社会科学版）第 5 期。

黄晓春、嵇欣，2014，《非协同治理与策略性应对——社会组织自主性研究的一个理论框架》，《社会学研究》第 6 期。

李祥、孙淑秋，2018，《从碎片化到整体性：我国特大城市社会治理现代化之路》，《湖北社会科学》第 1 期。

李友梅，2016，《我国特大城市基层社会治理创新分析》，《中共中央党校学报》第 2 期。

渠敬东，2012，《项目制：一种新的国家治理体制》，《中国社会科学》第 5 期。

施从美、帅凯，2020，《回应性监管：政府主导型社区基金会有效监管的行动策略研究》，《中国行政管理》第 7 期。

史普原，2016，《政府组织间的权责配置——兼论"项目制"》，《社会学研究》第 2 期。

田凯，2004，《组织外形化：非协调约束下的组织运作——一个研究中国慈善组织与政府关系的理论框架》，《社会学研究》第 4 期。

王浦劬、莱斯特·M. 萨拉蒙等，2010，《政府向社会组织购买公共服务研究：中国与全球经验分析》，北京大学出版社。

王向民，2014，《中国社会组织的项目制治理》，《经济社会体制比较》第 5 期。

郁建兴、吴玉霞，2009，《公共服务供给机制创新：一个新的分析框架》，《学术月刊》第 12 期。

张国磊、张新文，2018，《基层社会治理的实践路径与制度困境研究——基于桂南 Q 市"联镇包村"的调研分析》，《中国行政管理》第 1 期。

张新文、黄鑫，2017，《碎片化语境下社会治理范式的研究综述》，《山西农业大学学报》（社会科学版）第 12 期。

张钟汝、范明林、王拓涵，2009，《国家法团主义视域下政府与非政府组织的互动关系研究》，《社会》第 4 期。

折晓叶、陈婴婴，2011，《项目制的分级运作机制和治理逻辑——对"项目进村"案例的社会学分析》，《中国社会科学》第 4 期。

周雪光，2015，《项目制：一个"控制权"理论视角》，《开放时代》第 2 期。

都市社会工作研究　第9辑

第 70~92 页

促进我国公共卫生社会工作课程体系建设：
国外经验与国内探索

陈　佳　蒋晨曦　仇敬茹　武寅燕[*]

摘　要　2020 新年伊始，由湖北武汉向全国蔓延的新冠肺炎疫情对我国的经济社会发展和人民群众的生命财产安全造成了巨大冲击，由此拉开了全国抗击新冠肺炎疫情的帷幕。社会工作者在这场波及全球的突发重大公共卫生事件中发挥了重大的作用，并进一步促进我国培养公共卫生领域社会工作专业人才，加快思考相关教育体系建设。本文通过介绍社会工作和公共卫生专业的发展历史和联系，回顾国内外社会工作者在突发公共卫生事件中的积极作用以及公共卫生社会工作联合课程的发展和现状，尝试对我国公共卫生社会工作专业的课程体系建设进行探索，希望为未来我国社会工作专业教育和人才培养的发展方向和完善策略提供参考。

关键词　公共卫生　社会工作　课程体系　突发公共卫生事件　多维度评估

---

* 陈佳，博士，上海大学社会工作系讲师，研究方向为代际关系、家庭照料和老龄化、医务社会工作等；蒋晨曦，上海大学社会工作系社会工作专业硕士研究生，研究方向为老年社会工作等；仇敬茹，上海大学社会工作系社会工作专业硕士研究生，研究方向为医务社会工作等；武寅燕，上海大学社会工作系社会工作专业硕士研究生，研究方向为家庭社会工作等。

一　问题的提出

在新冠肺炎疫情的背景下，社会工作在公共卫生领域内的职责与作用引发了专业学者和教育者们广泛的讨论。新冠肺炎使大量病人存在严重的焦虑心理，医护人员面对医疗资源不足与病人死亡的状况压力剧增，整个社会在疫情初期都陷入了极大的恐慌情绪中。在这样的情况下，我国现有公共卫生体系中的服务和管理人才不足，需要更多数量的人才和更高质量的服务以应对突发重大公共卫生事件的种种状况与需求。由此，社会对于公共卫生领域社会工作者的潜在需求逐渐显现。应对类似突发重大公共卫生事件时，如何将公共卫生与社会工作结合，使二者能够优势互补，创造更大的价值？这一问题的思考对于社会工作学科发展具有重要意义。

目前，我国对公共卫生社会工作领域的人才培养仍处于缺失的状态，要想使人才能够有针对性地从事该领域的专业服务和管理，从课程体系方面进行全面的探索就显得尤为必要。只有将相关人才培养落实到专业课程教育中，才能将缺口从根源上填满。本文通过对国外公共卫生社会工作的课程体系建设和发展进行归纳、总结和借鉴，旨在对如何推动国内公共卫生社会工作课程体系建设的问题进行回应，并给出几点建议作为参考。首先，本文详细阐述公共卫生与社会工作的关系，论证两者结合的可行性与必要性。其次，通过讨论社会工作应对公共卫生事件的策略与作用，论证社会工作者在公共卫生领域中进行实践的可操作性与积极意义。最后，通过借鉴国外对公共卫生与社会工作联合课程建设的经验，探索我国公共卫生社会工作专业课程体系建设和发展的途径和策略。

二　公共卫生与社会工作的关系

在当代，被广泛引用的公共卫生的定义是 20 世纪早期由 Charles-Edward Amory Winslow 提出的，他认为公共卫生是一门预防疾病、延长寿命、促进身体健康的科学和艺术，通过有组织的社区行动来改善社区环境，控制社区疾病传播，以及发展个人卫生教育，提供早期疾病诊断和预防性治疗的医疗和护理服务，发展社会机制以确保个体的生活水平足以维持健康（转引自 Schneider，2006）。社会工作则是一种专业活动，用以协助个人、家庭和社区恢复和发展社会功能，并创造有助于达成其目标的社会条件（National Association of Social Workers，NASW）。一个多世纪以来，社会工作者一直间接或直接地参与解决影响健康的社会因素。这种长期的跨学科合作促使社会工作与公共卫生有了紧密的联系。通过梳理和总结相关文献可以发现，公共卫生与社会工作的关系可以从起源与发展、价值观、理论与方法以及工作内容四个层面去探索。

（一）起源与发展层面

社会工作的起源与美国公共卫生的发展历史有着密切的联系。在探讨公共卫生与社会工作在历史层面的联系时，有学者根据公共卫生社会工作的发展重点来划分其发展阶段（李青等，2020），也有学者从社会工作专业化和职业化的角度对社会工作在公共卫生领域的发展展开讨论（Ruth and Marshall，2017）。在本文中，我们沿用李青等（2020）对公共卫生社会工作发展阶段的划分方法，追溯社会工作在公共卫生领域的历史轨迹，探讨公共卫生与社会工作在不同阶段的关系，以及长期跨学科合作的历史意义。李青等学者将公共卫生社会工作的发展历史划分为以下四个阶段。

第一阶段，以预防和社区为本的实践和发展阶段。20 世纪初，起源于睦邻组织运动和慈善组织运动的社会工作在母婴健康、传染病控制和性病控制等问题上与公共卫生进行合作，二者都致力于促进个人健康和社会福利。在此阶段，公共卫生与社会工作的跨学科合作是偶然的，但也含有某种必然因素。因为卫生官员和社会工作者的工作场所是同一个地方——既存在可传播的疾病又贫困的家庭（Folks，1912）。在医学发展水平和人们对其期望值均不高的大背景下，社会工作在预防干预影响健康的社会因素和政策倡导及改革方面做出了极大的努力。

第二阶段，以个体化院内服务为主的发展阶段。随着社会工作的专业化发展，社会工作越来越专注于病人住院期间的社会和心理问题。在此阶段，社会工作在公共卫生领域的介入更加倾向于微观层面。20 世纪 20 年代，美国公共卫生服务体系已经被正式纳入社会工作专业。第二次世界大战期间和之后，社会工作在公共卫生领域发挥了创新性的作用，参与了灾难和危机社会工作，并在牙科等领域创造了非传统社会工作。20 世纪中叶，尽管公共卫生领域的社会工作继续关注人与环境的联系，但与早期相比，减少了对社区的介入。伴随医疗技术的进步，公众对医院和医学的信任感增强，使得康复更容易实现。在这一过程中，社会工作为确保自身作用，通过适应生物医学模式，接受了其在公共卫生领域的辅助地位。

第三阶段，呼吁和重拾公共卫生社会工作的发展阶段。20世纪60年代，社会工作在公共卫生领域的兴趣从二级和三级预防干预措施转向了一级预防。一方面，伴随福利国家的出现、医疗成本的不断攀升和社会福利财政支持的不断缩减，一些学者为了提高社会工作专业的知名度和影响力，开始呼吁该行业转向疾病预防和促进公众健康的工作领域。另一方面，公共卫生也面临艾滋病、药物滥用、老龄化和精神卫生等问题不断增加的困境。在这一阶段，公共卫生和社会工作相互依存，公共卫生和疾病预防被广泛纳入社会工作教育和实践。

第四阶段，公共卫生社会工作寻求系统整合发展的阶段。到了21世纪，恐怖主义、慢性病和传染病等对人们的健康产生了极大的威胁。社会工作也认识到系统性和整合性发展对公共卫生服务体系的影响。在此阶段，公共卫生与社会工作相互成就。社会工作在公共卫生领域的发展加强了其自身的科学性，公共卫生也因为有了社会工作的介入，才得以实现其促进和维护公众健康的使命。

（二）价值观层面

公共卫生与社会工作因共同的价值体系被联系起来，这种共同的价值体系根植于历史，而支撑这些价值的是对社会正义原则的坚持（Beauchamp，1976）。社会工作的价值观分为对"人"的价值观和对"社会环境"的价值观（顾东辉，2004；范燕宁，2004）。在关于对"人"的价值观描述中，提到每个人都具有平等的价值和尊严；在关于对"社会环境"的价值观描述中，有大量篇幅论述社会工作对社会的期望和努力的方向，即社会应该给每个人提供公平公正的机会，尊重个体差异，满足人们的共同需求等。除此之外，国外学者Wakefield（1988）也曾在《心理治疗、正义分配与社会工作》一文中提出："社会正义是构建社会工作的核心价值。"社会工作对于社会正义的追求被深深地刻画在其价值体系中。

公共卫生的性质和特点决定了"公平公正"是其核心价值之一（张雷等，2019）。有效缓解健康不公平、不公正情况是公共卫生工作当前亟待解决的一项任务。公共卫生根植于社会正义的价值观，公共卫生希望尽可能减少可预防的死亡和残疾，这是一个基于社会正义的梦想（Powers and Faden，2006）。Ashcroft（2014）则从公共卫生范式并不关注结构性不平等的角度出发，批判那些认为公共卫生与社会工作在社会正义价值观上存在一致性的观点，但是，他也承认两个学科都对社会正义价值观保持关注。

综上所述，公共卫生与社会工作在价值观上都表现为对社会正义的不懈追求。但是，公共卫生的伦理在一定程度上体现了功利主义。公共卫生运用流行病学来识别产生疾病的原因，并确定该疾病是否应该被认定为与公共健康相关。也就是说，在某种意义上公共卫生所关注的是统计学意义上的生命，而不是个体本身（丛亚丽，2015）。这种功利主义表明，社会工作在公共卫生领域的介入有助于公共卫生践行社会正义的价值理念。

（三）理论与方法层面

实证主义和建构主义的融合成为公共卫生范式中有影响力的认识论。实证主义认为公民是理性的，并主张对社会构建的风险类别采取措施。建构主义则关注健康风险的发展、风险类别和相关地区的认定（Schneider，2006）。这两种认识论在指导公共卫生范式关于健康的假设方面都有影响。提到公共卫生范式的健康观就不得不提到影响健康的社会决定性因素（Social Determinants of Health）。该范式认为公众的健康水平在很大程度上受到政治、经济、社会结构等方面的影响。公共卫生范式鼓励公民采取与其所倡导的健康规范相一致的行为和生活方式。在关于公共卫生范式认识论和健康观的理论视角中暗含了社会工作"人在环境中"的理论导向。

公共卫生范式关注疾病对人口的影响，是通过流行病学实现的，依赖于大数据来理解和解释与疾病相关的决定因素（Bailey and Handu，2012；Baum，2008）。与流行病学相比，社会工作研究方法的样本量要小得多，社会工作研究往往是描述性的，而不是解释性的（Thyer，2009）。因此，公共卫生和社会工作需要相互依赖以更全面地理解公共卫生现象，社会工作的实践也可紧紧围绕流行病学确定的目标和风险群体展开。

（四）工作内容层面

公共卫生面临生物恐怖主义、慢性病和传染病等对人们健康的威胁，社会工作也逐渐被视为在公共卫生服务中发挥作用的重要力量（Gorin，2002）。今天，那些没有直接参与健康干预的社会工作者，正在住房、教育、儿童福利等其他方面着手解决影响健康的社会因素。从这个角度来看，社会工作可以被视为公共卫生服务队伍中一个庞大但未被充分利用的组成部分。社会工作涉及在社区内进行相关疾病的预防、相关卫生和健康知识的宣传和教育等工作，这些方面的能力对公共卫生至关重要（Ruth and Marshall，2017）。时至今日，全球新冠肺炎疫情防控还有很长的路要走。虽然我国国内疫情已经趋于稳定，但是专家学者也表示疫情防控需要常态化。在这样的大背景下，社会工作在公共卫生领域不仅要合理运用三级预防机制进行联防联控，还应该建立应对突发公共卫生事件的应急机制。这些对于社会工作在我国的专业化和职业化发展尤为重要。

公共卫生与社会工作的关系在起源与发展层面、价值观层面、理论与方法层面以及工作内容层面都有所体现。这也从侧面论证了公共卫生与社会工作跨学科合作的必要性。目前，我国公共卫生与社会工作之间缺乏学科关系的梳理和整合，关于二者关系的概述可以为公共卫生社会工作课程体系的探索提供依据和指导。

三 社会工作应对公共卫生事件的策略及作用

抗击新冠肺炎疫情的持久战不仅暴露了我国公共卫生治理中的短板和缺陷，也为公共卫生相关专业提供了发展和创新的契机。国外的经验表明，社会工作在应对和处理重大公共卫生事件中发挥着积极作用。虽然我国社会工作发展起步较晚，对类似事件的应对经验不足，但是在长达一年多的疫情防控工作中，我国也在逐渐摸索适应国情的本土化社会工作介入方法和行动。作为一个人口大国，我国在疫情期间面对巨大的服务需求量，社会工作在突发重大公共卫生事件中发挥作用的可行策略体现在微观、中观和宏观三个层面。这也为公共卫生社会工作专业人才的教育和培养方向提供了切入点。

（一）微观：下沉服务，积极响应个人和家庭的需要

专业服务常常从微观层面做起，其中，不乏体现社会工作专业宗旨，专注弱势或者少数族裔群体福祉的案例。2012 年 9 月，中东呼吸综合征（MERS）爆发，以韩国为例，疫情不仅威胁到韩国国家公共卫生健康管理体系，也深深影响和阻碍了社会、政治、文化和经济等各领域的发展，更引发了各种严重的社会心理问题。有研究者在一项研究中对在韩国生活、

工作和学习的 22 名外国人——包括被感染者和被隔离者——进行了访谈，发现外国居民在疾病活跃时可能会遭受与感染风险和资源匮乏有关的"双重危险"（Park and Lee，2016）。外国居民由于语言和社会障碍，可能比当地人更加脆弱。在病毒流行的紧急情况下，韩国的社会工作者特别注意到了弱势人群，识别那些被感染的外国居民，并协助他们及其家人接受治疗或隔离，向外国居民提供有关该流行病及其对社会日常生活产生影响的信息和教育。重要的是，要确保在流行病危机期间和之后，将这些人口纳入医疗、资助方案和服务以及其他社会活动（Park and Lee，2016）。

在面对突发公共卫生事件时，社会对医疗资源的需求可能会超负荷，这会导致伦理和医疗方面的问题。在危机持续时间较长、影响范围较广的流感大流行中，社会工作者面临着各种资源不足的极大挑战。特别是在影响大量人口生活的灾难面前，心理健康服务非常重要。社会工作者需要确保有足够的资源给病人及其家庭和照顾者提供援助和服务并且学会链接和合理分配资源（Rosoff and Winterfeldt，2007）。

在新冠肺炎疫情期间，我国社会工作者也做出多种尝试，满足广大人民群众的需求。首先，社会工作者能够敏锐定位疫情中人民群众的服务需求。在深圳，社会工作者凭借多元的服务经验和创新的服务思维，敏锐地发现新冠肺炎疫情中市民生理、安全、社交、尊重和自我实现的需求（马敏等，2020）。另外，民众具有心理支持的需求。大众由于自身的知识有限，对事件信息真实性的把握不够，可能会出现心理状态的失衡或者比较严重的心理问题（杨明伟、田怀金，2020）。其次，社会工作者能够精准把握本次疫情的传播特征，创新服务媒介方式。为了避免人员密集和直接接触，社会工作者充分发挥互联网的作用，结合新型线上服务的方式提供帮助（刘婧雯，2020）。最后，社会工作者能够开展多样化的服务满足民众需求。有的社会工作者对普通民众在疫情背景下出现的疑病情绪、紧张焦虑、抑郁的心理危机进行干预，开通心理咨询热线服务，运用微信群聊、视频通话的方法，根据受疫情影响的程度，为个人和家庭积极提供个案辅导，并运用网络对个案进行后续服务与追踪。有的社会工作者开展生活经验分享、防疫知识科普、居家锻炼指导等教育、支持性小组服务（刘婧雯，2020；杨明伟、田怀金，2020；钟宇灵，2020）。

（二）中观：回归基层，在医疗单位和社区内展开行动

大流行和传染性病毒所造成的疫情如洪水猛兽般迅速对社会中的组织

产生影响，其中需要迅速做出反应和受影响显著的组织是医疗单位和社区。二者是防疫抗疫的主战场。社会工作者在意识到这一点之后，可以在医疗单位和社区场域中开展有效行动，回归基层。

在医院，除了一线救死扶伤的医务人员，社会工作者也曾在重大公共卫生事件中扮演重要的角色。这一点早在 2003 年非典型性肺炎（SARS，简称"非典"）爆发时期的新加坡和我国香港地区就有所体现。当时，在香港，香港理工大学卫生与社会科学学院与玛格丽特公主医院（Princess Margaret Hospital）联合开通了热线电话，并总结了电话咨询中的应对策略做指导。"非典"感染带来的身心挑战尤其对留在特殊病房、与家人隔离的"非典"患者具有创伤性影响。社会工作者在电话咨询中给医院场域中的相关人士增能，其中包括"非典"患者、医务人员和他们的家人等。在新加坡医院中，医务社会工作者属于多学科工作人员，他们接受应对紧急事件的培训，学习对严重事件或灾难的紧急响应措施。通过对 28 名在新加坡医院工作的医务社会工作者的深入访谈发现，"非典"期间，他们的干预目标主要是控制和减少恐惧，培训、沟通、计划和支持是应对措施中重要的四个方面（Rowlands，2007）。在医院场域中，社会工作者针对医护人员开展压力汇报小组，以减轻他们的心理负担使其能更高效地投入医疗工作；针对患者及其家属开通热线电话，消除"非典"患者与家人和朋友之间的沟通障碍。

建立专门的社区卫生工作者岗位，与社会工作者合作，发挥其在医疗卫生体系中的桥梁作用。在美国，存在这样一个群体，他们将社区居民与重要的医疗保健和社会服务联系起来，在具有重大需求的个人和家庭与提供援助和护理的机构和组织之间架起桥梁，他们被称为社区卫生工作者（Community Health Workers，CHWs）。一般而言，社区卫生工作者通常与州和医疗保健系统合作，通过扩大综合和支持性服务的范围来补充正规系统的服务（Spencer，Gunter，and Palmisano，2010）。美国的社区卫生工作者模式将社区卫生人员与社会工作服务结合起来，他们在促进社区文化融合的实践中发挥作用，在社区环境中与社会工作者进行合作。在合作过程中，社会工作者并不指导社区决策，而是参与促进社区的结构化改良。60 多年来，美国的社区卫生工作者一直致力于改善社区与美国卫生保健系统之间的关系。基于社区层面的桥梁作用，他们得以提供全面和多元化的服务，进一步建立更健康的社区卫生体系（Balcazar et al.，2011），这是提高社区层面对突发公共卫生事件抗风险能力不可或缺的一部分。

新冠肺炎疫情期间，国内学者也意识到在医疗系统中配备专业医务社会工作者的重要性，提出医务社会工作者可以在医院场域内根据疫情的发展阶段发挥不同的功能。例如，帮助患者传递信息、链接资源、疏导情绪；关注医护人员的情绪和心理健康，及时帮助他们舒缓释放压力，做好情绪管理。

社区作为最普遍存在的单位，和人民群众的生活息息相关。我国正处于社会治理共同体建设时期，新冠肺炎疫情期间，我国建设了"社区居委会参与，社会工作者协助"的社区疫情防控体系，大大增强了社区层面疫情防控的效果和力量（严静、李吟杨，2020）。杨明伟和田怀金（2020）认为"在重大公共卫生事件发生时，建立长期有效的社区心理预防和治疗机制对于大众因为危机事件造成的心理问题的恢复有很大的作用。社会工作者作为专业的人才，依托社区建设开展专业的心理预防，配合精神治疗提供家庭辅导和专业性支持，提供所需的心理卫生知识，特殊个案处理的问题发现、诊断与辅导措施的协助或咨询"。

在广州，各社工站的社会工作者在新冠肺炎疫情期间下沉到社区开展疫情防控工作，通过与居民的密切接触获得"身份认同"，并且充分运用"赋权增能"的理念和技术促进社区居民积极参与基层治理，使抗疫工作在社区内形成可循环的系统。例如，社会工作者在抗疫服务中协助居委会进行社区中的疫情防控工作，包括对社区常住居民的排查、隔离人员的生活帮扶、出入社区车辆登记检查、带领医务人员入户、防疫知识的科普宣传工作等。他们在社区抗疫工作中充分利用了平时与居民建立的紧密关系，发挥了协调社区资源的优势，凭借专业的心理情绪辅导技巧、困难群体帮扶机制等，为协助社区联防联控做出了重要贡献（彭凯健，2020）。在深圳，社会工作者充分利用社区党群服务中心打造基层抗疫的主战场，在基层社区治理中形成党建引领、共建共治共享的社会治理格局，充分利用良好的党社关系促进了专业社会工作服务的有效嵌入（钟宇灵，2020）。

（三）宏观：寻求联合，跨专业多部门完善公共卫生应急体系

反思以往的公共卫生危机，从生物恐怖主义的威胁到现代社会的各种突发传染疾病，新的公共卫生事业聚焦社会环境中的人类行为，主张社会工作者发挥自身作用，扩大公共卫生的覆盖面和内涵，同时以渐进的方式

与多学科多部门进行合作（Gorin，2002）。尤其是突发公共卫生事件，更不能依靠单一的医学模式来解决问题，可以采取以社会工作介入为主导，同时联合公共卫生部门、政府部门、营利部门和社会公众的实践模式，更好地解决在突发公共卫生事件中有可能出现的医疗和社会问题，更好地发挥社会工作专业的效能（王菁华，2020）。

我国社会工作在公共卫生领域的介入研究发展较为滞后。在2003年"非典"疫情之后，国内学者初步尝试探索了突发公共卫生事件中社会工作介入的可能性。花菊香（2004）认为这类事件会解构人们的惯习、带来陌生场域、形成社会风险。她提出社会工作在介入过程中，社会工作机构应该积极与卫生部门、政府部门、营利部门以及社会公众合作，构建四个系统联动的体系，保证多部门的有序协作。郭伟和（2020）通过对本次新冠肺炎疫情期间社会工作扮演的专业角色进行反思，认为社会工作应在医治、防控和救援等方面实现跨专业协同，并且在这个过程中处理好半专业化团队中的行政权威和专业自治的冲突问题，以及跨专业团队中的领导协调能力问题。目前，我国在应对突发公共卫生事件时仍然以"行政主导，专业协助"的应对模式为主流。未来，我国突发公共卫生应急管理体系需提升专业和科学话语权，充分体现和发挥社会工作专业在其中的预防、治疗、协作、领导等多重作用。

四 公共卫生与社会工作联合课程发展

对于公共卫生社会工作方向的课程发展议题，国内学者鲜有研究，国外却已有大量相关的努力和尝试。相关的文献主要涉及三个主题：公共卫生与社会工作联合课程发展的国外经验、公共卫生与社会工作联合课程发展的意义以及公共卫生与社会工作联合课程发展的困境与建议。

（一）公共卫生与社会工作联合课程发展的国外经验

整合公共卫生与社会工作两个专业优势进行人才培养和教育的理念最早是由医学界提出的。医学界发现只靠公共卫生体制建设的努力远达不到应对一些重大突发公共卫生事件的要求。1969年，美国肯塔基州率先提出要开设社区医学课程，大学医院的社会服务部与医学中心的社区医学部共同创建了社区医学服务教育项目。其中，该项目的教师队伍中不乏社会工作者。他们被要求以富有想象力的方式教授社会和社区卫生保健方面的知识。该项目的教学活动证明了将公共卫生或社区医学原则与社会工作教学和实践相结合的可行性。其成果为医学院的课程改革提供了新的教育安排思路和社会工作参与的机会（Bracht，1969）。

时至 1989 年，美国在佛罗里达州开设早期的社会工作硕士和公共卫生硕士联合学位项目。学者们发现联合课程能够带来很大的学科优势。公共卫生的基本方法学工具能够帮助社会工作者提高对案主需求的反应质量，尤其是流行病学相关技能的获得可以提高社会工作者识别高危人群以及理解和评估干预的能力（Coulter and Hancock，1989）。之后，密歇根大学实施了以联合课程为基础的公共卫生社会工作预防培训与开发项目，课程开发的内容主要包括：预防性干预社会工作、预防研究研讨会、预防实习研讨会、健康与疾病社会、流行病学等。Siefert 等学者（1992）对该项目中的新生进行了为期两年的调查研究，并从《公共卫生社会工作前进计划》（The Public Health Social Work Forward Plan)① 的角度对该课程项目进行了评估与建议，论证了公共卫生服务纳入社会工作教育与实践课程改革的作用，提出社会工作者学习公共卫生专业知识的必要性和重要性。

根据需要，部分公共卫生和社会工作专业联合课程是针对特殊情境和人群设立的。2019 年，为满足美墨边境地区的独特需求，美国新墨西哥州立大学开设了公共卫生和社会工作双学位课程。在该课程中获得公共卫生和社会工作双学位的学生有能力在微观、中观和宏观层面解决人类健康和相关服务问题，并能够在社区完成实习。除了实用技能以外，这些学生还学习如何在文化问题上以灵敏又谦逊的方式与有色和边缘人群相处。只有联合培养的学生才具备上述能力，学生们因为融合了两个学科的知识，所以能够更好地实现该项目的服务目标（Forster-Cox et al.，2019）。社会工作学院的课程重点应在公共卫生教学框架内纳入保健和精神卫生内容，应包括关于种族、族裔、文化多样性、人类性行为以及每种行为对健康的影响等内容（Siefert，Jayaratne，and Martin，1992）。或者说，社会工作教育应包括至少三个与公共卫生相关的知识领域，分别是流行病学、预防、人口

---

① 1985 年，哥伦比亚大学社会工作学院举办了由美国公共卫生署妇幼保健处资助的工作会议，会议产出了《公共卫生社会工作前进计划》文件，其中涉及对于公共卫生社会工作的课程建议，提出社会工作研究生需要将更多的公共卫生内容纳入其课程中，以使从业人员能够在公共卫生相关的广泛实践环境中工作。

评估与干预（Wilkinson，Rounds，and Copeland，2002）。多学科交叉的人才教育除了需要注重学科知识和教学内容的交叉性之外，还需要关注跨专业教育的特殊性。例如，美国南卡罗来纳大学的临床和人口卫生学院为跨专业学生设计了专门的跨专业教育（interprofessional education）课程，其中包含四个重要的课程目标：（1）跨专业实践的道德规范；（2）角色与责任；（3）专业间的沟通；（4）团队合作（Addy et al.，2015）。

（二）公共卫生与社会工作联合课程发展的意义

几十年来，国外专家学者们致力于推动与改革社会工作和公共卫生的教育融合，例如，学者 Ruth 及其同人做过多项关于公共卫生社会工作课程项目的探索研究（Ruth et al.，2006；Ruth et al.，2008；Ruth et al.，2015；Cederbaum et al.，2019）。学者们认为公共卫生与社会工作联合课程的发展对于个人和社会都具有重要意义。

联合课程培养有利于促进学生专业能力提升和职业发展。Ruth 等（2006）将 1987～1996 年的社会工作—公共卫生双学位硕士（MSW-MPH）毕业生与 3 年及以上学制的社会工作硕士（MSW）毕业生进行对比后发现，两组毕业生的工资差异不显著，职业满意度都很高，在社会工作专业度的测量上也很相似。然而，Ruth 在 2015 年的另一项仅针对社会工作—公共卫生双学位硕士毕业生的研究则得出不同的结论，揭示了社会工作—公共卫生双学位硕士毕业生具有明显优势。调查结果显示，拥有社会工作和公共卫生双学位的硕士毕业生专业性更强，拥有强大的跨学科和跨专业技能和能力、多样化的就业机会和较高的职业满意度，他们也拥有强烈的感受，认为两个专业的所学能够融入工作场所（Ruth et al.，2015）。美国明尼苏达大学的社会工作—公共卫生联合计划认为联合培养可以使个人在政策分析、规划、行政、社区组织和教育、研究以及咨询等社会卫生领域担任领导和培训职务，这提升了个人的专业能力，使个人能够胜任更多类型的工作，对能力培养与职业生涯都有帮助（Hooyman，Schwanke，and Yesner，1980）。虽然相关的研究结论尚存在不一致性，但总体来说，研究发现社会工作和公共卫生双专业的人才培养模式更可能为学生个人日后带来积极的职业和专业效应。

联合课程培养有利于促进社区健康改善。社会工作和公共卫生两个专业的联合教育模式能够在社区健康的背景下看到并理解个人。为了改善

"全人"（whole person）的健康，必须超出现有的专业界限去创新，因此，公共卫生社会工作（Public Health Social Work）可能是公共卫生对改善整个社会的健康和福祉的最佳跨学科应对措施之一（Ruth et al.，2008）。解决健康问题、动员社区和倡导政策变革是社会工作和公共卫生两个领域的共同点，二者的合作能够缩小社区内的健康差距（Watkins and Hartfield，2012）。

（三）公共卫生与社会工作联合课程发展的困境与建议

许多社会工作者依然认为传统的健康概念与心理健康是两个独立的领域。一些不了解公共健康与临床医学区别的教育者担心，将这两个领域结合起来可能导致社会工作实践的"医学化"。另一些人对公共卫生与社会工作联合课程发展的顾虑则较中肯，认为两者的结合可以解决现有公共卫生系统中一些涉及资金、组织与政策方面的问题。

Holtzman（2017）在《公共卫生社会工作：一个不确定的未来》（Public Health Social Work：An Uncertain Future）一文中对美国公共卫生社会工作的未来发展提出至少两点担忧：社会工作专业是否希望朝更加关注公共卫生的方向发展？该行业是否能够得到国家组织的支持来获得发展条件？解答这些问题的前提背景是要意识到公共卫生与社会工作之间存在观念与目标冲突且无法互相妥协的时刻。这些冲突时刻形成了联合课程多年发展中的主要困境。而在社会工作课程中引入公共卫生内容的过程还存在四个潜在障碍：（1）社会工作院系可能缺乏教授与公共卫生相关内容的能力；（2）MSW本身的课程安排已经很密集，没有足够的空间来安排新的公共卫生课程内容；（3）一些社会工作专业的教育者认为，想要获得公共卫生知识的学生可以去公共卫生院系学习；（4）一些人可能会认为，要在公共卫生领域工作，所有社会工作者也应该拥有公共卫生硕士学位（Wilkinson，Rounds，and Copeland，2002）。这些潜在障碍体现了公共卫生与社会工作在课程融合方面遇到的困境，给联合课程的发展带来了挑战。

在社会工作院系的教育中纳入一般的健康服务是十分重要的，存在一些具体的方法以缩小联合教育中实践与课程之间的差距，例如：（1）从系统的角度分析一般健康问题；（2）重申社会工作者在公共卫生领域的作用；（3）社会工作教育必须纳入其他信息，提供机会以提高与公共卫生相关的能力，强调在广泛的整体框架内开展社会工作的做法，甚至要在以医学和护理为主导的系统中提供服务（Gant et al.，2009）。同时，社会工作最好与目标一致的专业学科密切合作，并重视更广泛的方法，包括政策实践、倡导和社会工作教育等。公共卫生社会工作需要一个统一的框架，将社会工作面临的重大挑战（Grand Challenges for Social Work）从概念转变为实践并阐明策略，从而帮助将这些重大挑战的应对方案转向实施（Cederbaum et al.，2019）。

五　我国公共卫生社会工作课程体系发展的探索

在公共卫生与社会工作的跨学科合作的积极意义得到论证以后，国外对于公共卫生社会工作联合课程模式的研究日趋增多且日臻成熟，在不同的联合课程模式下培养了许多公共卫生社会工作的专业人才。这些人才不仅在公共卫生领域中能够发挥社会工作的功能，同时也拓宽了社会工作的实践领域，对公共卫生社会工作领域的发展起着推动与指导的关键性作用。前文对国外关于公共卫生社会工作联合课程实践的经验进行了总结，在此基础上，要想对我国公共卫生社会工作联合课程进行本土化的建设，需要的不仅是对我国现有社会工作教育情况的总体把握，而且要建立在对我国目前公共卫生领域需求进行客观分析的基础上。那么，结合国外经验与国内社会工作教育现状，可以从课程观、教学安排与课程发展模式三个方面对促进我国公共卫生社会工作课程体系建设进行探索并提出一些发展建议。

（一）课程观的探索

课程观是对课程的各种认识和看法的总称，不同的课程观往往体现为不同的课程价值取向，从而引出不同的课程形态。

1. 教学形态：理论与实践相结合

我们认为公共卫生社会工作的课程必须同时具备理论性与实务性，即将理论与实践紧密结合。从完善理论的角度来看，要能够充分把握两个专业的优势，将二者的相关理论充分互补结合，创新和发展适合公共卫生社会工作的独特专业理论。从实践探索的角度来看，学生需要有充分的机会将理论付诸实践，增加实务性的练习，体现公共卫生社会工作的应用性和实操性。学生在课堂中学习相关理论知识的同时，课程项目需要为其提供实践场所，将知识运用到实践过程中。在教学中可以充分运用实习督导制度，聘用两个专业的老师给予学生理论和实践方面的双向督导。把握理论与实践相结合的教学形态有助于课程避免教条主义和形式主义等弊端，在互相完善的基础上取得平衡，形成动态的、发展的课程观。

2. 教学评估：多维度评估

教学评估是课程观的重要一环。评估的目的在于保障公共卫生社会工作课程的教学质量，建立完整、多样化的课程观，完善联合课程体系。我们可以从学生发展、教师教学、课程效果三个方面对课程体系进行评估。

第一，对学生发展的评估。对学生发展的评估主要是评估学生在该课程中是否提高了个人专业能力，判断该课程能否对学生的学业和职业生涯产生积极影响。评估可结合对学生本人的问卷调查以及实习机构督导的访谈调查，根据学生学习课程前后的改变，评估学生在课程学习过程中能否将理论应用到实际操作中，是否掌握了公共卫生社会工作实务的技巧，所学内容是否符合且有利于相关领域工作的开展。

第二，对教师教学的评估。对教师教学的评估主要从教学形式与教学态度进行评估。多样性的教学形式可以开发学生的创造力，启发学生从跨学科的角度来理解、分析和解决问题。实践性的教学形式可以使理论知识生动化，让学生在实践中习得实务技巧与积累经验。评估将学生作为调查对象，以问卷或访谈的形式收集学生对于该课程的感受与建议，促进教师丰富教学形式，改善教学态度，进一步提升教学效果。

第三，对课程效果的评估。对课程效果的评估可以从两个方面进行。一是评估实习单位对学生实践的满意度。通过学生在实习单位的工作成效来判断其学习成果，可邀请实习单位的相关工作人员点评公共卫生—社会工作的学生与一般社会工作学生的差别与优势，评价公共卫生—社会工作联合课程项目的学生是否在公共卫生工作领域具备更高的匹配度和胜任能力。二是评估毕业生的专业认同度及社会认可度。对于毕业生可采取问卷反馈的形式，了解公共卫生—社会工作联合课程项目的学习是否能有效增加学生的就业机会和拓宽择业范围，是否能提高学生在相关工作领域的胜任能力和行业内认可度。

（二）教学安排的探索

公共卫生—社会工作联合课程或者学位的设立在专业培养上的基本关注点在于对引发公共卫生问题的社会性因素的分析和解决。我国乃至全球的各种突发公共卫生事件都启发我们有必要根据我国的国情和实际条件，探索和建立本土化的公共卫生社会工作专业人才教育体系。具体在教学安排上，结合国内外经验，可以从校内和校外两条线设计和开展。

1. 校内课程内容的安排

首先，重点进行社会工作专业知识的学习。自 1986 年北京大学社会学系设立社会工作专业起，社会工作在我国成为一门独立学科，目前已有数百所高校设立此专业。在校内课程内容的安排上，应该把社会工作专业价值观的传输放在首位，使学生形成较强的专业认同感。同时，注重理论知识的传授，这是专业的灵魂，是课程的基础，是专业实践的浓缩和精华，在专业培养中起引领作用。在此基础上，寓教于学，把社会工作的服务理念和专业介入手法融于课堂教学和丰富的活动中。

其次，补充学习公共卫生领域的基础和重点知识。自 2003 年"非典"疫情之后，公共卫生领域的专家和学者都在提倡增加公共卫生人才尤其是突发公共卫生事件应急人才的培育数量。但是从新冠肺炎疫情的防控来看，应急型公共卫生人才的培养并没有得到足够的、持续性的关注和重视。因此，在"健康中国"上升为国家战略的形势下，在了解和掌握了社会工作专业知识的前提下，在公共卫生社会工作专业的课程学习中必须对学生进行公共卫生知识普及教育，包括对历史上重大公共卫生事件的了解和探讨、对基础卫生知识的学习、对事件防控措施的掌握、对流行病学的了解等。尤其是有医学或者健康管理专业的院校，更应该充分利用自身教育资源做出示范和表率。

最后，将两者进行有机结合，开展公共卫生社会工作专业教学。任何专业的发展都应遵循先综合再细分的规律。公共卫生社会工作聚焦引发公共卫生问题的社会性因素，例如，与经济、文化、性别、阶层、种族等相关的社会不公平等或不公正因素。在我国开展公共卫生社会工作教育，应该以社会工作的专业知识为主导，将聚焦的议题扩展到公共卫生领域，在充分掌握了与社会工作和公共卫生相关的基础知识后，再实现由"通才"向"专才"的转变。可根据学生的个人兴趣以及社会需求细分具体的工作对象和工作方向。由于我国的相关经验较少，公共卫生—社会工作联合课程项目的设计和可行性还需要多借鉴国外的经验，增加国际交流。

2. 校外实习实践的安排

目前，我国社会工作专业重理论、轻实践的教学模式与社会对社会工作从业者的实务能力和实践要求不符，这就出现了教育学习和工作要求之间的矛盾。社会工作专业虽然以科学的知识和理论为依托，但具有很强的实践性，其最终目标还是服务社会，缓解社会矛盾。公共卫生人才培养的出发点与落脚点也是服务社会，实现社会利益，确保人民有健康的生活环境。其对人才培养的价值追求与社会需求相衔接。在这一点上，两者不谋而合，因此，若以结果为导向反推对公共卫生社会工作专业人才培养的要求，那么，理论与实践相结合的教学安排是必然之选。

在学习方面，可以将临床实践的内容根据病种、目标人群、干预时序等进行划分开展针对性指导，例如，慢性疾病保健服务、妇幼保健服务、老年人和儿童虐待干预、传染疾病的预防、精神健康服务、药物滥用的介入、健康管理服务等。最重要的是，必须结合当前我国的社会现实和需要积极探索和开发公共卫生社会工作的实务领域。在实习机构方面，高校应该积极与校外机构建立联系与合作，形成有效的专业联结，充分调动实践教育基地的合作意愿，不仅要增加基地的数量，更要在质量上严格把关，避免校外机构把学生当成廉价劳动力。在实习时间方面，必须确保学生能按照要求完成实习，可以分阶段边学习专业知识边实习，也可以集中完成课程要求后再集中实习，高校要结合自身实际和机构要求对学生的实习时间进行灵活妥善安排。实习评估作为检验学生专业应用能力的手段，需保证客观公正，要具备一定的参考依据，包括但不限于量化指标、实习成果、服务记录等。同时，也要尽可能将校内外督导、实习机构和服务对象的评价纳入评估体系。

（三）公共卫生社会工作课程的发展模式探索

20 世纪 80 年代以来，我国已有 300 多所高校陆续开设了社会工作专业本科课程，近 170 所高校招收社会工作专业全日制硕士。然而，值得关注的是，尚没有高校拥有较完善的公共卫生社会工作人才培养方案。结合上文中有关公共卫生与社会工作的关系、社会工作应对公共卫生事件的策略和作用，以及国外相关人才培养经验的概述，我们可以肯定公共卫生社会工作人才培养是社会发展所需。由此，我们提出三种公共卫生社会工作人才教育的发展模式，即联合培养项目模式、社会工作专业方向扩展模式和医学类专业课程内容扩展模式。

1. 联合培养项目模式

公共卫生社会工作课程的联合培养项目模式，是指社会工作专业与公共卫生专业联合培养一批同时具有社会工作和公共卫生两种专业知识和实践方法的双学位硕士研究生。这种联合培养模式在国内比较少见，但是不少发达国家早已尝试开设公共卫生—社会工作联合培养课程。联合培养模式相比普通的双学位培养模式来说，增加了两种知识架构的协调性和整合性。公共卫生—社会工作课程的联合培养模式在课程设置和安排上，是两个硕士学位课程之间的衔接和融合，使得学科之间产生了交叉和互补。这种模式不仅可以拓宽社会工作专业学生在公共卫生领域的视野，为社会工作专业的学生未来的发展方向提供更多可能性，增加其专业竞争力，而且也可以促进公共卫生专业在实践操作层面的发展，更好地践行促进公众健康和疾病预防的理念和目标。

尽管如此，联合培养模式可能存在以下不足。首先，虽然相比单一专业的学生，联合培养的学生能学到更丰富多样的专业知识，但是这种模式在学生管理上容易产生混乱。其次，在学习和实习过程中，学生更容易面临专业角色混淆和撕裂的挑战。最后，社会工作和公共卫生专业在教学和实践中缺乏联系。因为该模式对学生的学习能力、师资队伍的科研能力和教学管理能力等要求较高，比较适用于我国公共卫生和社会工作专业发展都较成熟的高校。

2. 社会工作专业方向扩展模式

社会工作专业方向扩展模式，是指在社会工作专业人才培养方向上进行扩展，增加公共卫生社会工作人才培养方向。从实际操作层面来看，在国内高校中，这种模式相对于联合培养模式更容易较快实现。该模式的重点是社会工作院系在具备公共卫生教育和研究背景的师资队伍方面的建设，以及公共卫生社会工作课程和实习内容的创新。这一模式的落脚点依然在社会工作学科内，可以避免课程中公共卫生和社会工作专业知识体系的脱节，以及学生在专业角色上的混乱。

社会工作专业方向扩展模式存在以下不足。第一，社会工作院系吸引公共卫生领域的人才加强多学科师资队伍的建设存在困难。第二，在课程内容上，学生学习的公共卫生专业知识较笼统，难以全方位、多层次地把握流行病学、健康与疾病预防等方面的知识。该模式比较适用于我国只有社会工作专业或公共卫生专业能力较弱的高校。

3. 医学类专业课程内容扩展模式

医学类专业课程内容扩展模式，是指在临床医学、护理学和公共卫生等医学类专业开设社会工作专业相关的课程。医学类专业课程内容扩展模式相对于前两种模式来说，其实质是扩大医学领域专业人才对社会工作的认识和了解，推进公共卫生社会工作在国内的发展。该模式可以提升社会工作在医疗卫生领域的认可度和专业性。医疗和健康服务以预防和治疗为主，扩展学习一些社会工作专业的课程也有助于拓宽医学类专业学生的思路，增进医疗卫生场域内的人文关怀。

医学类专业课程内容扩展模式存在以下不足。第一，在实施上，该模式的推进首先需要医学类专业与社会工作专业达成共识，认可和愿意共同推进公共卫生或者健康领域社会工作人才培养。在某种程度上来说，这与市场需求以及结构性的支持息息相关，是对我国传统医疗健康专业培养模式的挑战。第二，在原本就很密集的医学类专业课程体系中嵌入社会工作专业课程可能会给学生带来过于繁重的课业压力。这种方式能否让学生充分学习和理解社会工作专业知识也较难把控。该模式比较适用于国内需要拓宽专业特色的医科大学或专科院校，同时与校领导的学科布局和理念政策紧密相关。

六　结语

新冠肺炎疫情可被视为我国公共卫生社会工作发展的重要契机。公共卫生与社会工作在起源与发展、价值观、理论与方法、工作内容层面存在紧密联系，为交叉学科人才培养提供了有利和必要的前提。社会工作在应对公共卫生事件中从微观、中观和宏观层面上发挥重要作用，社会工作专业知识和方法从某种程度上有助于缓解和改善因公共卫生事件给个体、家庭和社会带来的负面影响。这体现了公共卫生社会工作专业人才培养的需求和可行性。相比国内，国外关于公共卫生和社会工作联合课程的设计和人才培养起步早，经验丰富，对学生专业能力提升和职业发展以及社区健康改善具有积极意义。但是，国外的先行经验中也有不少联合课程项目执行和人才培养的困境。这些均为我国公共卫生社会工作课程体系的建设和相关人才的培养提供了参考依据。

我国公共卫生社会工作专业教学和人才培养体系的建设仍然面临巨大挑战。在国内公共卫生社会工作的发展严重滞后的现状下，对公共卫生社会工作的探索不仅要面对"探路和开创"的艰辛，更挑战着我国传统的健康观和教育观。但从长远来看，公共卫生社会工作人才的培养会对我国的医疗卫生和疾病防控的应急管理体制产生深远的积极影响。我们尝试从课程观、教学安排和课程发展模式三个方面探索我国公共卫生社会工作课程体系可能的实现模式。我们相信，国内公共卫生社会工作专业培养模式会逐渐发展完善，并形成独具特色的本土经验。

参考文献

丛亚丽，2015，《公共卫生伦理核心价值探讨》，《医学与哲学》第 10 期。

代文瑶、柴双、计芳，2020，《抗击新冠肺炎，医务社会工作应何为——〈医疗机构内新冠病毒感染预防与控制技术指南〉及其在医务社会工作领域的应用》，《中国社会工作》第 9 期。

范燕宁，2004，《社会工作专业的历史发展与基础价值理念》，《首都师范大学学报》（社会科学版）第 1 期。

顾东辉，2004，《社会工作的价值观、冲突及对策》，《北京科技大学学报》（社会科学版）第 2 期。

郭伟和，2020，《跨专业联合防控新冠病毒疫情：问题界定、专业权威和干预能力问题》，《社会工作》第 1 期。

花菊香，2004，《突发公共卫生事件的应对策略探讨——多部门合作模式的社会工作介入研究》，《学术论坛》第 4 期。

花菊香，2007，《科际整合——公共卫生与社会工作专业关系的探讨》，《中国卫生事业管理》第 3 期。

李青、谭卫华、郑立羽，2020，《大健康背景下公共卫生社会工作的发展》，《华东理工大学学报》（社会科学版）第 1 期。

刘婧雯，2020，《论新冠肺炎疫情下社会工作的介入方法》，《现代商贸工业》第 19 期。

马敏、尹俊芳、姚尚满，2020，《疫情期间社会工作介入社区服务的对策分析——基于马斯洛需求层次理论》，《现代商贸工业》第 22 期。

彭凯健，2020，《多线联动 有序有力——广东省广州市社会工作力量参与抗"疫"服务印象》，《中国社会工作》第 16 期。

王菁华，2020，《突发公共卫生事件中多部门合作模式的社会工作介入研究》，《现代商贸工业》第 19 期。

严静、李吟杨，2020，《社区疫情防控体系的嵌入式建设——基于资产为本的社区发展视角》，《江南大学学报》（人文社会科学版）第 2 期。

杨明伟、田怀金，2020，《突发公共卫生事件引发的心理危机干预研究——基于社会工作视角》，《现代商贸工业》第 14 期。

张雷、赫纯毅、廖红舞、陆婷、周顺连、李洁，2019，《公共卫生伦理学的主要问题与核心价值》，《中国医学伦理学》第 1 期。

钟宇灵，2020，《社会工作介入突发公共卫生事件的实践——以深圳社工参与新冠肺炎疫情防控服务为例》，《中国社会工作》第 12 期。

Addy, C. L. , Browne, T. , Blake, E. W. , and Bailey, J. 2015. "Enhancing Interprofessional Education: Integrating Public Health and Social Work Perspectives. " *American Journal of Public Health* 105 (S1): 106 – 108.

Ashcroft, R. 2014. "An Evaluation of the Public Health Paradigm: A View of Social Work. " *Social Work Public Health* 29 (6): 606 – 615.

Auerbach, C. , Mason, S. , Zeitlin Schudich, W. , Spivak, L. , and Sokol, H. 2013. "Public Health, Prevention and Social Work: The Case of Infant Hearing Loss. " *Families in Society* 94 (3): 175 – 181.

Bachman, Sara, S. 2017. "Social Work and Public Health: Charting the Course for Innovation. " *American Journal of Public Health* 107 (S3): 220.

Bailey, S. and Handu, D. 2012. "*Introduction to Epidemiologic Research Methods in Public Health Practice.* " Burlington, MA: Jones & Bartlett Learning.

Baum, F . 2008. *The New Public Health* (3rd ed.). South Melbourne, Australia: Oxford University Press.

Beauchamp, D. E. 1976. "Public Health as Social Justice. " *Inquiry* 13 (1): 3 – 14.

Bracht , N. F. 1969. "The Contribution of Public Health Social Work in Academic Departments of Community Medicine. " *Milbank Memorial Fund Quarterly* 47 (1): 73 – 89.

Balcazar, H. , Rosenthal, E. L. , Brownstein, J. N. , Rush, C. H. , Matos, S. , and Hernandez, L. 2011. "Community Health Workers Can Be a Public Health Force for Change in the United States: Three Actions for a New Paradigm. " *American Journal of Public Health* 101 (12): 2199 – 2203.

Cederbaum, J. A. , Ross, A. M. , Ruth, B. J. , and Keefe, R. H. 2019. "Public Health Social Work as a Unifying Framework for Social Work's Grand Challenges. " *Social Work* 64 (1): 9 – 18.

Coulter, M. L. and Hancock, T. 1989. "Integrating Social Work and Public Health Education: A Clinical Model. " *Health & Social Work* 14 (3): 157 – 164.

Folks, H. 1912. "Points of Contact Between the Health Officer and the Social Worker. " *American Journal of Public Health* (*NY*) 2 (10): 776 – 781.

Forster-Cox, S. , Nelson, A. , Lang, C. , and Gandhi, S. 2019. "Contributions of Public Health Social Work Students to Their Professions and Communities. " *Health Promotion Practice* 21 (1): 12 – 15.

Gant, L. , Benn, R. , Gioia, D. , and Seabury, B. 2009. "Incorporating Integrative Health Services in Social Work Education. ” *Journal of Social Work Education* 45（3）：407 – 425.

Gorin，S. H. 2002. “The Crisis of Public Health Revisited：Implications for Social Work. ” *Health & Social Work* 27（1）：56 – 60.

Holtzman，D. 2017. “Public Health Social Work：An Uncertain Future. ” *American Journal of Public Health* 107（S3）：221 – 222.

Hooyman，G. ，Schwanke，R. W. ，and Yesner，H . 1980. “Public Health Social Work：A Training Model. ” *Social Work in Health Care* 6（2）：87 – 99.

Powers，M. and Faden，R. 2006. *Social Justice：The Moral Foundations of Public Health and Health Policy*. New York，NY：Oxford University Press.

Rowlands，A. 2007. “Medical Social Work Practice and Sars in Singapore. ” *Social Work in Health Care* 45（3）：57 – 83.

Ruth，B. J. ，Geron，S. M. ，Wyatt，J. ，and Chiasson，B. E. 2006. “Teaching Notes：Social Work and Public Health：Comparing Graduates from a Dual-degree Program. ” *Journal of Social Work Education* 42（2）：429 – 439.

Ruth，B. J. and Marshall，J. W. 2017. “A History of Social Work in Public Health. ” *American Journal of Public Health* 107（S3）：326.

Ruth，B. J. ，Marshall，J. W. ，Velasquez，E. E. M. ，and Bachman，S. S. 2015. “Teaching Note—Educating Public Health Social Work Professionals：Results from an MSW／MPH Program Outcomes Study. ” *Journal of Social Work Education* 51（1）：186 – 194.

Ruth，B. J. ，Sisco S. ，Wyatt，J. ，et al. 2008. “Public Health and Social Work：Training Dual Professionals for the Contemporary Workplace. ” *Public Health Reports* 123（S2）：71 – 77.

Rosoff，H. and Winterfeldt，D. V. 2007. “A Risk and Economic Analysis of Dirty Bomb Attacks on the Ports of Los Angeles and Long Beach. ” *Risk Analysis* 27（3）：533 – 546.

Park，H. J. and Lee ，B. J. 2016. “The Role of Social Work for Foreign Residents in an Epidemic：The Mers Crisis in the Republic of Korea. ” *Social Work in Public Health* 31（7）：1 – 9.

Schneider，M. 2006. *Introduction to Public Health*. Toronto，Canada：Jones and Bartlett.

Scutchfield，F. and Keck，C. 1997. *Principles of Public Health Practice*. Albany，NY：Delmar Publishers.

Siefert，K. ，Jayaratne，S. ，and Martin，L. D. 1992. “Implementing the Public Health Social Work Forward Plan：A Research-based Prevention Curriculum for Schools of Social Work. ” *Health & Social Work* 17（1）：17 – 27.

Spencer，M. S. ，Gunter，K. E. ，and Palmisano，G. 2010. “Community Health Workers and Their Value to Social Work. ” *Social Work* 55（2）：169 – 180.

Thyer，B. 2009. *The Handbook of Social Work Research Methods*. Thousand Oaks，CA：Sage.

Watkins，D C. and Hartfield ，J. A. 2012. “Health Education for Social Workers：A Primer. ”

Social Work in Health Care 51 （8）: 680 – 694.

Wilkinson, D. S, Rounds, K. A. , and Copeland, V. C. 2002. "Infusing Public Health Content into Foundation and Advanced Social Work Courses. " *Journal of Teaching in Social Work* 22 （3 – 4）: 139 – 154.

Wakefield, J. C. 1988. "Psychotherapy, Distributive Justice and Social Work. " *Social Service Review* 62 （3）: 187 – 210.

都市社会工作研究　第 9 辑

第 93～111 页

© SSAP, 2021

家庭关系的视角：隐蔽青年研究的可能路径[*]

郭　娟　赵　鑫　韩晓燕[**]

摘　要　在隐蔽青年相关研究中，医学化的精神健康视角简化了对该群体的理解，忽视了社会结构因素以及隐蔽青年本身的主体性；社会结构视角则强调现代化过程中的社会转型、就业与社会政策等宏观因素是塑造隐蔽青年群体的根本，但并未探明隐蔽青年产生的具体路径。隐蔽是成年子女自主选择以及家庭成员之间协商合作的过程，但以往研究对隐蔽青年直接面对的、作为社会结构最基本单元的家庭关系关注不够。将家庭关系置于社会结构中考虑，有助于探析隐蔽过程及形成机制、考察"亲子一体"应对现代化进程的可能路径。

关键词　隐蔽青年　家庭关系　亲子一体化

2020 年 7 月，《新京报》和《新民晚报》先后报道了上海市宝山区 44

---

* 本文是上海市哲学社会科学规划课题"家庭关系视角下的大城市隐蔽青年研究"的阶段性成果，项目号：2020BSH13。感谢上海市阳光社区青少年事务中心对本研究在调查等方面的支持。

** 郭娟，华东师范大学社会发展学院社会工作专业硕士教育中心副主任、社会工作专业实习督导，研究方向为儿童、青少年与家庭社会工作、社会工作实习与督导；赵鑫，华东师范大学社会发展学院讲师，博士，研究方向为青少年心理辅导、学校社会工作、家庭治疗与辅导等；韩晓燕，华东师范大学社会发展学院教授，博士，研究方向为社会福利与社会政策，儿童、青少年与家庭社会工作等。

岁男子吴某将亲妈尸体藏冰柜的新闻。2019 年 4 月 8 日，时年 68 岁的付阿姨因病去世，当天其儿子吴某解聘了护工，之后从网上买了冰柜放置遗体，并冒领其母亲退休金至 2019 年 11 月案发。其间，吴某拒接电话，拒开房门。吴某自称"嫌麻烦又另类"。付阿姨生前是会计，退休后仍月入万元，"在世时把吴某照顾得妥妥帖帖，连饭碗都端到他面前"。居委会工作人员称"他要上班，到外面去做保安什么的，他妈叫他不要去，这么一点点钱有什么好做的"，"母亲在家强势、有经济地位，把儿子宠成妈宝，不再和外面接触"。曾与付阿姨一起在农场工作的老友们在微信群里半年没见她发言，不免担心，相约一起上门探望，敲门不开，他们只好联系居委会工作人员与辖区民警，上门后才发现她被儿子藏尸冰柜（刘佳妮，2020；综合编辑，2020）。

近年来，类似吴某这样"隐蔽"在家数月乃至几年不出门的青年群体引发社会关注。这一群体最先在日本被发现，而后世界上越来越多的地区展开了对该群体的研究。

一 研究背景

1998 年，日本著名精神科医生斋藤环（Saito）出版了名为《隐蔽青年：永无止境的青春期》的畅销书，引起日本社会对隐蔽青年（hikikomori）的广泛关注。此前，日本已经有对隐蔽青年这一群体的记录，早在 1978 年，笠原便描述了被他称为"脱瘾神经症"的案例。20 世纪 80 年代末及 90 年代初，精神病学文献中的一些报告开始使用"隐蔽青年"这个词来描述年轻人长期躲在自己房间中的情况。之后，这种情况一直被定义为"社会退缩综合征"（social withdrawal syndrome），简称"社会退缩"。2002 ~ 2005 年，日本 NHK 电视台播放了有关隐蔽青年的系列节目，该节目于 2005 年在英国 BBC 电视台播出，并由此引发欧美地区对隐蔽青年群体的关注（Amy，2008）。2005 年在中国香港播放的当地隐蔽青年相关节目引起社会和媒体广泛重视，据当时香港基督教服务处的调查估计，香港隐蔽青年在中学生当中所占比例为 0.2%，保守估计香港隐蔽青年人数为 12430 人（不包括已离开学校的青年），其中 90% 为男性（刘争先，2007）。

杨锃（2012）通过对上海市各区的精神卫生中心及青少年社会服务机构的调查，发现了中国大城市中的"隐蔽青年"人群，并将其作为精神健康的新症候群，对这一群体及其服务策略进行了研究。2015 年，笔者参与过一项在上海开展的有关隐蔽青年的研究，依据 Kato（2012）的调查方法和问卷，对在上海专门服务青少年的社会工作机构 Y 在全市各区的社会工作者进行分层抽样，共发放问卷 377 份，回收有效问卷 364 份，其中，257 名社会工作者表示有接触隐蔽青年的经历，占回收有效问卷总数的 71%，257 人中有 79 名社会工作者有接触 3 个以上隐蔽青年的经历。该调查还显示，在上海，社会工作者 2004 年开始接触到隐蔽青年，2014 年首次接触隐蔽青年的社会工作者人数达到顶峰。257 名接触过隐蔽青年的社会工作者均认为隐蔽青年可以回归社会，其中 180 名社会工作者有成功帮助隐蔽青年回归社会的案例（Liu et al.，2020）。可见，虽然隐蔽青年在上海的准确数量难以估计，但是在社会工作者的服务当中早就接触到隐蔽青年这一群体，且接触到隐蔽青年的青少年社会工作者在同行中占比较高，社会工作专业服务已经在隐蔽青年群体及其家庭中展开并取得一定成效。

世界各地均存在隐蔽青年群体。2012 年，澳大利亚、孟加拉国、印度、伊朗、日本、韩国、中国台湾、泰国和美国等不同国家和地区学者的联合调查显示，隐蔽青年在这些国家或地区都有出现，特别是在城市地区（Kato et al.，2012）。2019 年，美洲、亚洲、非洲主要发达国家和地区的调查再次证明世界范围内隐蔽青年广泛存在的现实（Julie et al.，2019）。

对隐蔽青年群体的"治疗"与研究也在 2010 年之后受到更多关注。从国内外隐蔽青年相关研究来看，对隐蔽青年群体研究的总体趋势是从精神健康领域转向对社会结构的关注，家庭作为隐蔽过程中的重要单位被提出，但对隐蔽青年家庭关系及其背后的运行机制的调查与分析不够深入和系统，从而难以探明隐蔽青年出现的路径，本研究将在对隐蔽青年的研究进行梳理的基础上探索当前对该群体进行研究的可能路径，并尝试突破上述研究视角的限制。

二　隐蔽青年概念界定

日本是世界上首个由政府部门对隐蔽青年进行定义并成立相关支持部门的国家。2000 年，日本在全国范围内成立隐蔽青年支持中心，提供电话咨询服务及帮扶资源。2003 年，日本政府发表共计 141 页有关隐蔽青年的白皮书，由厚生劳动省给定了隐蔽青年相关概念：以家庭为中心的生活方式；没有兴趣或意愿去上学或工作；症状持续超过六个月；不包括患有精神分裂症、智力迟钝或其他精神障碍的人群。在那些没有兴趣或意愿去上学或工作的人当中，隐蔽青年坚持将个人关系（如友谊）排除在外（Alan，2010）。2010年，厚生劳动省在新的定义中认为，隐蔽青年是一种心理社会现象，其特征之一是远离社会活动，几乎全天待在家里达半年以上，多发生在儿童、青少年和30岁以下的成年人中（Kondo，2013）。研究表明，80%以上的人第一次隐蔽是在青少年时期或者20岁左右，其中一半的人隐蔽时间在一年之内（Umeda et al.，2012），平均隐蔽时间为4年（Kato et al.，2016）。当前，有学者考虑将隐蔽时间达3个月的青年称为隐蔽青年，以利于尽早甄别（Kato et al.，2016）。这为世界范围内研究隐蔽青年提供了参考。不过这一定义主要从个体的微观层面，以及家庭和学校这一中观层面来对隐蔽青年进行描述，在宏观方面并未提及。定义当中也并未显示隐蔽青年及其家庭自身的意愿。实际上，社会结构的变化带来的就业与社会排斥也与隐蔽青年的产生有着紧密联系，"隐蔽"的决定中存在隐蔽青年本人与家庭的主动选择，这些在后文中将会有更多的论述，在对隐蔽青年定义时需考虑隐蔽青年个人及家庭的主动性，以及宏观的社会层面。

结合以上定义，本研究将隐蔽青年定义为排除精神疾病的可能，持续三个月及以上与外在社会系统（学校、社区、工作、朋辈）缺乏联系的行动和意愿，与内在系统（家庭）不联系或只进行有限联系，在社会结构方面受到排斥或影响，无法融入现实社会而选择栖居在家的青年。联合国及中国各相关组织对青年群体的年龄定义各不同，综合各组织的定义，本研究认为15~44岁的隐蔽青年都是本研究关注的研究对象。本研究更多的是关注隐蔽青年的社会及家庭特征。

三　隐蔽青年研究的已有视角

（一）医学化视角

20世纪80年代，越来越多的隐蔽青年在被家庭成员带到精神健康医院求助并被诊断为"严重退缩"（acute withdrawal）时，这个群体开始被精神科医生注意，这也为隐蔽青年现象受到学界关注提供了必要条件。

随着类似情况就诊人数的增多，医生们认为开展对该群体的调查以了解其在社区的人数与基本情况显得尤为重要。在日本，全国隐蔽青年的数量为 20 万～100 万人不等，其中冲绳大学学者 Miyake 于 2002 年发表的研究通过对 1646 个家庭的采访发现了 14 个隐蔽青年，以此估计日本隐蔽青年的数量是 410000 人左右，这个结果被日本学界认为相对准确。不过，学界预计这个数量还是低估了，因为这只是包含父母或者子女到精神健康中心正式就诊的人数（Andy，2008）。这也反映对隐蔽青年的准确人数的估计，对这个群体的研究存在诸多困难与挑战。

　　Kondo 等（2013）在对 377 名日本隐蔽青年的调查中发现，33.3% 的人存在精神分裂症、心境失调、焦虑失调的情况，需要药物治疗；另一些被诊断为个人失调或者发展失调，需要心理社会支持。他们认为要解决隐蔽青年的问题，针对个人层面的精神健康干预必须包括在内，大部分隐蔽青年可以用现有的诊断系统治疗，家属主动寻求帮助能为个案研究带来帮助。Tateno 等（2012）则认为在隐蔽青年当中存在一些差异，但是针对隐蔽青年的调查中，所有被访者都不同意"隐蔽青年不是一种障碍"的论断，30% 的受访者选择了患有精神分裂症，50% 以上的受访者选择了患有神经症或压力相关的障碍，该研究认为关于隐蔽青年与精神障碍之间的关系仍然存在争论，术语"hikikomori"可以用来描述精神障碍中有严重的社会退缩的这一类人。这表明，隐蔽青年群体中确实有为数不少的人伴有精神健康问题，针对个人层面的干预以及心理社会支持有必要被考虑到，但同时，研究也表明，隐蔽与精神健康之间的关系有待论证。另外还可以发现，这是从隐蔽青年个体的微观系统干预入手来"解决问题"。

　　为了阐明隐蔽青年的患病率及隐蔽青年与精神障碍之间的关系，研究者们进行了大量调查。Koyama 等（2010）在 2002～2006 年通过对 4134 户家庭的入户调查发现，在被调查者中，0.5% 的家庭目前至少有一个孩子出现过"隐蔽"；在对年龄在 20～49 岁的 1660 人调查时发现，在这部分人群中 1.2% 的人一生中经历过隐蔽阶段，并且 54.5% 的隐蔽青年出现过精神疾病（情绪、焦虑、冲动控制或物质相关）障碍，有过隐蔽青年经历的受访者患情绪障碍的风险高出 6.1 倍。隐蔽青年的男女比例为 4∶1，其中 1/5 有暴力倾向（Alan，2010）。由此可见，"隐蔽青年"在日本社区人口中并不少见，而是以较大规模存在，隐蔽青年当中的男女比例呈现男多女少的情况，有一半的隐蔽青年可能伴有精神健康方面的问题，并且有过隐蔽经历的人有着更高的风险再度陷入情绪危机，隐蔽青年的精神健康状况值得关注。但同时，另一半的隐蔽青年没有精神健康问题，这也从侧面表明隐蔽青年的出现是有不同于精神障碍的原因的（Koyama et al.，2010）。

在最初对隐蔽青年进行干预与诊断的过程中也发现，运用药物的方法对隐蔽青年及其带有的精神健康问题进行诊治并没有明显的效果，精神科医生也开始在药物之外寻找其他领域的可行办法，比如家庭治疗。但这依然是将隐蔽青年问题局限在个体和家庭的微观层面。随着研究的深入，更多研究者认为，将隐蔽青年看成一个以心理疾病为特征的同质群体是错误的，不能仅强调将隐蔽青年归为一类精神障碍者的医学化判断，这无疑会遮蔽外界对隐蔽青年的认知。退缩和解脱也可以与变化的机会和社会结构联系在一起，不能对社会结构的影响视而不见，需要重视并长期跟踪隐蔽青年所处的社会环境、家庭等因素（Alan，2010；Andy，2008；Kondo et al.，2013；Tateno et al.，2012）。更进一步的观点认为，不应将特定的社会越轨行为和人体的某些自然生理过程与状态打上病理性烙印，需重视社会结构性因素（韩俊红，2020）。

实际上，隐蔽青年的生活体验也并非人们想象的那么不堪。Chan 等在中国香港通过对 588 名隐蔽青年的问卷调查发现：隐蔽时间越长，生活幸福感越强烈，这与他们所获得的社会情感的正向支持是相关的；隐蔽程度越高，生活质量越低，这与隐蔽青年缺少社会支持和强烈的孤独感引起的负面的情感体验是有关的（Chan et al.，2014）。这既揭示了隐蔽青年的真实生活状态，表明隐蔽并不等于伴有精神健康问题，也进一步发现隐蔽青年的生活感受和体验与社会支持之间是有紧密联系的。在对隐蔽青年患者的精神诊断（DSM - IV - TR）、治疗、支持政策和结果的研究中也发现，就隐蔽青年而言，在日本的这些年轻人中发现的问题包括精神、功能和发育障碍，但 Kondo 等认为必须从文化社会学的角度对这些问题加以考虑（Kondo et al.，2013）。

隐蔽青年最初在精神健康医疗机构出现并由于数量增多而被注意到，然而诊断并不能单独在医学这个领域内完成，特别是将改变的重点放在外界对微观层面的个体和家庭进行诊断与干预上既遮蔽了外界对隐蔽青年的认识，也必将无法获得对这个群体及其周边资源的评估与调动，以激发其本身的主体性，系统地、根本性地改变隐蔽的状态。对更大的社会结构的关注，特别是将个人与家庭作为有主体选择能力的单元，放在社会的变迁中来理解，是探索隐蔽青年出现的必要途径。

（二）社会结构视角

该视角从社会结构与社会发展方面分析隐蔽青年的成因，认为社会转型、教育经历、就业环境制造了隐蔽青年。研究发现由于物质条件、社会资源和文化等原因，城市中产及以上家庭更容易出现隐蔽青年。Kato 等在美国、澳大利亚及亚洲各国进行的联合调查显示，隐蔽青年的出现可能与快速全球化和社会文化的变迁有关（Kato et al.，2012）。

就业市场的挤压及政府部门反应不及时也都逼迫年轻人在高压力和严苛的社会系统中寻找转型的新出路，容易出现这种以逃避社会行为为特征的隐蔽青年，使得他们失去国家的工人、学生和被培训者群体的身份。青年群体的主要劳动力市场崩溃，岌岌可危的第二部门到处可见，这导致传统和根深蒂固的规范遭到破坏，青年被迫在一个压力很大和僵化的制度下寻找新的方式进行过渡（Wong，2012）。经济退行，青年群体收入降低，但对舒适生活的期望没有改变，也是造成隐蔽行为的一大诱因（Tuukka，Vinai，and Yukiko，2011）。

不少研究发现，隐蔽青年的出现都伴随学业的重要节点，激烈的学业竞争，使青少年在学业结束或者学业中途遭遇困难的时间成为隐蔽的开始。有案例显示青少年虽然在高中毕业之后参加了职业培训，但是在找工作阶段开始隐蔽（Kato et al.，2012）。随着父母的社会迁移，青少年辗转更换学校，需要适应不同的环境，而当学习成绩跟不上的时候，不仅有来自老师的批评，也有来自同伴的排斥，这在一定程度上成为隐蔽青年学业失败并走向隐蔽过程当中的重要节点（Chong and Chan，2012）。除此之外，因发育迟缓在学校教育中不成功的孩子被再定性为社会中的永久性脱轨者，他们长期在家，使用互联网，脱离社会关系，缺乏正式社会身份，因而隐蔽青年是学校、家庭和社会共同制造的（Andy，2008；Wong，2012；Amy，2008）。

也就是说，在全球化、社会个体化转型以及就业环境恶劣的背景下，隐蔽青年的出现本质上是社会结构变化、现代教育制度与就业市场共同作用的结果。当青年群体处于激烈的学业和就业竞争当中时，升学率与就业率决定了一部分人必将出局，面临"失败"与不适应，而社会结构当中并没有为其预留空间，这当中一部分人只有由家庭接盘，成为隐蔽青年，才能得以安身。因此，隐蔽并非削弱生活质量，而是年轻人选择的生活方式，是社会压力下的一种自主选择、反抗与自我表达（Chan et al.，2014；Chong and Chan，2012）。这种视角的出现也否定了原来医学化视角简单地将隐蔽青年加以"问题化"的取向。

由此可见，医学化的精神健康视角简单地"问题化"了对隐蔽青年的理解，忽视了社会结构因素以及隐蔽青年本身的主体性。社会结构视角强调现代化过程中的社会转型、就业困难、学业过度竞争、在社会迁移中适应社会变化、家庭财产与收入分配以及与这些相关的社会政策等宏观因素是塑造隐蔽青年群体的根本。这些研究为探索隐蔽青年的出现提供了源头解释和宏观社会背景。但是，在同样的社会变迁背景下，为何多数青年并未隐蔽？因此，这需要更为细致地分析，而不是仅仅通过宏观的社会变迁进行笼统的解释，否则不足以做出有力的回答。如果要详细解析隐蔽青年的出现及其演变的过程，对隐蔽青年直接面对的、作为社会结构最基本单元的家庭关系的关注需要得到重视，隐蔽实际上是成年子女自主选择以及家庭"共谋"的过程。将家庭关系置于社会结构中考虑，是探析隐蔽过程及形成机制、考察"亲子一体"应对现代化进程的关键，这也正是从家庭关系视角研究隐蔽青年群体的意义（见表1）。

四 隐蔽青年研究的家庭关系视角

家庭为隐蔽青年提供了隐蔽所需的物质条件。从隐蔽青年的生活状态来说，其所在的家庭都有稳定的居所，甚至绝大部分隐蔽青年有独立的卧室，家庭为隐蔽青年提供必备的生活资料，包括饮食等日常用品、电子产品和网络。没有家庭成员的同意，隐蔽青年栖居在家不可能实现，这当中可能存在诸多的协商与接受的过程，是家庭价值的实践。

陈映芳的研究认为，从当前中国社会的发展来看，"家庭化"是社会转型初期普遍发生的社会私生活化过程的重要内容，国家在很大程度上将对个人生活的安排和保障责任交给了家庭，家庭成员间的连带责任被"一步步强化"，而这一过程当中存在历史转折中关键的"社会机制"，特别是"价值观念运作机制"（陈映芳，2015）。这为隐蔽青年的研究提供了重要启示。

（一）家庭：隐蔽与文化实践的场域

家庭功能失调与隐蔽密切相关，因果关系有待进一步分析。在对一名

39 岁并有 19 年隐蔽历史的日本隐蔽青年进行分析时发现，日本的 amae 文化（甘え，儿童对母亲撒娇的特殊行为和感情）对隐蔽青年的出现起到推动作用，家庭有足够的条件保证隐蔽青年的衣食住，隐蔽青年不仅可以从父母处得到支持，甚至还能从祖辈那里获得经济和情感的帮助。有研究发现，家庭的"扭曲"是隐蔽青年所在场域的主要特征，隐蔽青年对母亲的过分依赖以及父亲的缺位都对隐蔽青年的出现有关键作用，隐蔽青年的出现是家庭适应不良或者家庭失能（Kato et al.，2016）的体现。"家庭功能瓦解"很难说是隐蔽的原因还是结果，一项针对 88 人的调查显示，60% 的隐蔽青年与父母同住，18% 和母亲住，3% 和父亲住，19% 和祖辈住，受amae 文化影响的占 87% ~88%（Alan，2010）。这表明隐蔽青年的家庭关系显示出一些特殊性，到底是将隐蔽青年的出现认定为家庭失能，还是当前现代化背景下家庭关系变化以适应这种变化的结果，是需要被重新评估的。

以往研究认为，社会变迁与传统的结合可能是日本隐蔽青年现象的主要成因（Uchida and Uchida.，2011）。日本家庭承载着许多社会规范和结构，这些规范和结构塑造了这些"病症"的形式。其中包括期望孩子在结婚前和父母一起生活、激烈的学业竞争和亲密的母子关系比夫妻关系更重要。除此之外，日本社会也经历了更多的调适，在走向西方文化的同时仍然保持着传统的本土文化，以及经历了巨大的经济泡沫和随之而来的经济萧条。信息科技的发展改变了世界各地之间的交流方式，让人们不需要和任何人面对面就可以聊天和交易。

隐蔽青年家庭的父母期待、亲子情感和喂养呈现独有特点。有研究显示，城市中产阶层父母一方面对子女有过高期待，家庭成员内部难以表达感受，缺乏情感交流，亲子关系疏离，另一方面倾向于过度保护他们的后代，在文化上接受子女婚前可以和父母同住，在居住、照顾和喂养方面为隐蔽行为的出现和维持提供了条件（Chong and Chan，2012；Andy，2008；Amy，2008）。Liu 等（2020）在上海通过对社会工作者开展的焦点小组访谈发现，社会工作者认为隐蔽青年出现最重要的三个原因是家庭关系、个性、人际交流，其中家庭关系是最主要的负面影响原因：一是因为亲职形式和亲子关系促成了隐蔽青年的发展；二是因为父母对孩子惰性等其他退缩行为的高度容忍，阻碍了社会工作者对案例的识别以提供及时的干预和帮助。一些家长倾向于掩盖自己孩子的问题，因为他们认为成为隐蔽青年是家庭耻辱，害怕被人知道。另一些家长倾向于过度保护子女，造成子女的过度依赖，以至于缺乏积极的社交技能。

揭示与严重的社会退缩相关的风险所带有的文化差异，有助于扩展有关隐蔽青年的研究。Julie 等（2019）通过对尼日利亚、新加坡和美国三地的大学进行抽样调查发现，这些国家的许多大学生在青少年时期确实经历过隐蔽青年阶段，这些来自社区样本的发现，直接挑战了隐蔽青年这是一种日本特有的文化局限现象的观点。这种在三大洲城市背景下的差异表明，要更好地理解隐蔽青年的社会或文化差异，并不在于它存在与否，而在于它存在的程度，文化差异与隐蔽青年过去的经历相关的社会心理。隐蔽青年在问题解决之后可能不会持续，不过这也取决于文化。该研究组亦表示，从研究方法来说，焦点小组数据以及其他定性（如观察、与临床医生的讨论）与定量调查在未来的研究中同样重要，这样可以更好地建立对隐蔽青年评估的有效性和隐蔽青年现象在不同文化中的概念上的有效性。也就是说，文化因素既可以影响隐蔽青年的表现方式，也可以决定向隐蔽青年提供的服务的性质和效力（Liu et al. , 2020）。

从以上研究可以看出，家庭不仅是隐蔽产生和实践的场域，更是家庭内部各成员之间互动与文化实践的场域，正是这些文化支持着家庭关系的变化以应对社会的发展和转型。在世界不同地域开展实地观察与质性研究，探究不同文化在隐蔽青年及其家庭的存在程度以及差异是当前需要进一步推进的。值得注意的是，尽管家庭作为与隐蔽青年密切相关的单元被发掘，而如何从家庭入手，找到隐蔽青年产生的路径还需要进一步细化。从我国以往的研究来看，从家庭关系背后的文化运行机制出发，对隐蔽青年的家庭关系进行细致的呈现与解析可能是路径之一。

（二）家庭关系研究：三个方面和总体趋向

在家庭研究领域，中国作为典型模式之一，在现代化转型中，国内外学界对中国家庭给予了极大的关注，对家庭关系的考察可以展现文化在家庭的实践过程。对家庭关系的考察主要从代际关系、亲属网络和社会支持三个方面来进行。

代际关系：对代际关系的依靠是社会转型的结构化后果和本土文化抗逆力表现。代际关系成为应对现代社会转型中出现的风险的主要依靠和"最后堡垒"，个体一直在个体与家庭、传统与现代之间权衡、徘徊与做选择，家庭代际关系呈现多样性，强化"亲子一体"表现出强大的文化抗逆力。亲子居住距离、经济交往、情感交流等是代际关系研究的主要指标，代际关系的形成机制是主要的研究内容，个体与社会结构、传统与现代成为探索代际关系形成机制的两大坐标（石金群，2016；刘汶蓉，2016）。吴真（2019）通过对20世纪90年代以来法国家庭研究的梳理提出"家庭个体化"的概念，其主要表现为四个方面，即"家庭构建的主体化与灵活化、代际与性别的对等化、关系的情感化以及空间的个人化"。社会生活的不确定性不仅带来巨大的生活压力，在家庭之外也难以寻求精神慰藉，越来越多的个体欲回到家庭中寻求庇护与慰藉（产生情感交流与利益互惠），特别是父母为子女提供支持，这可能成为"家庭类型多样化和家庭关系情感化"的原因。代际关系"形成了一种抵御各类风险且极具凝聚力的现代共同体"，个体"如涂尔干所说的需要依托于家庭而生存"。在现代化转型过程中，中国的隐蔽青年也出现在结构化转型中，他们将家庭作为最后栖身之所，形成父母长期供养成年子女的非典型家庭关系。因此代际关系需重点考察。

亲属网络：在经济结构急剧变化的背景下，城市家庭需要通过亲属网络的支持以不同程度地缓解压力。怀默霆对中国城市居民的亲属网络给予了研究上的重视，认为他们通过各种家庭以及社会网络找寻自己的生活空间。他认为，基于先赋性这一特征，成员最为分散，有利于彼此间交换，因此，亲属网络是社会网络中最为有效的。"亲属网络也是人们在现实情境中最为依赖的，以家庭为基础的代际的合作和协商即使在改革后的中国也依然居于中心地位。"（转引自马春华，2021）在发展的家庭现代化理论指导下，中国家庭研究摒弃核心家庭一元化、孤立化的结论，重新重视大家庭亲属网络研究，通过亲属关系构成的亲属网络中存在的资源与支持对家庭关系进行考察（马春华等，2011；徐安琪、张亮，2008）。在隐蔽青年的家庭中，个体与家庭在亲属网络中如何互动与选择，不同代际的亲属网络是否出现变化，亲属之间重视的价值及其变化是什么，这些都是值得关注的议题。特别是在单位制解体、社会流动成为常态、家庭式迁移成为主要的迁移方式等社会转型背景下，大城市家庭亲属关系和亲属网络间的互动实践与价值观念可能出现诸多变化，是否会对隐蔽青年的家庭产生影响，都是必须考察的内容。

社会支持：社区支持和公共服务是转型期的家庭不可或缺的安全网。社会支持不足是造成家庭易损性的最主要因素，制度资源的匮乏和缺失，使得目前的社会公共服务只能满足部分家庭的初级物质需求，对解决或减轻年轻人的社会和心理压力方面的作用有限（王跃生，2006；徐安琪、张亮，2008）。代际关系和亲属网络不足以支持家庭应对现代社会转型所带来的压力和风险，甚至在其中存在对个体的权力剥夺与压制。研究认为日本的青少年受到了过度的家庭保护，在这方面的社区干预和支持需加强（Amy，2008）。在上海的调查表明，社会工作者是帮助隐蔽青年的重要力量。一方面，由于父母（以隐蔽青年为家庭耻辱而隐瞒并对孩子过度保护）的态度，社会工作者很难接触到隐蔽青年或提供服务，社会工作者大多依靠社会保障部门提供的失业等信息进行"地毯式搜索"来识别隐蔽青年；另一方面，一些父母认为社会工作者是改变他们孩子状况的"奇迹制造者"，在本研究的调查中，被访者中的家长就表达过希望社会工作者可以让隐蔽青年再次"幸福起来"的期待。不管家庭的态度如何，社会工作者对那些隐蔽青年及其父母来说，是家庭最重要的帮助来源，以及获得进一步专业干预的社区资源，这些资源原本不为家庭所知（Liu et al.，2020）。家庭的保护与剥夺家庭中个人的权利之间的界限并不清晰，其中存在诸多博弈，必须关注家庭对外部的力量与资源的识别与运用，以全面考察家庭关系。私人家庭生活的内容、家庭与亲属群体的关系、家庭与社区的关系，这些总括为家庭关系的变化才是当代家庭的显著特征（唐灿，2010；唐灿、陈午晴，2012）。社区关系、社会服务、社会保障与政策等社会支持成为家庭关系良性发展的外在需求，在为家庭及其中的个体提供物质支持、情感支持、发展指导等方面具有长期的、结构性的作用。

近年来，家庭关系视角的总体趋势是从个体化理论转向关注中国社会转型的特殊背景下，个体在家庭中的主体性及个体与家庭之间的互动，以及存在于其中的张力，重视文化因素，特别是家庭价值观念及其呈现。阎云翔关注中国社会的个体化，并在此基础上提出"新家庭主义"概念，他认为，中国家庭代际关于"孝"博弈的过程复杂，亲子之间的亲密关系日益重要并成为家庭关系主轴，物质主义与新家庭主义形成表里关系，个体与家庭在利益之间存在很强的张力（Yan，2016）。学界"不满于以往家庭现代化理论过于'强调家庭与社会之间的关系'，'忽略家庭内部各成员的不同和互动'，涌现了一些讨论个体化、个人主义与家庭的研究"（杭苏红，2021）。不少学者在年青一代脱离家庭主义的立场下，与个体化理论对话，对变迁中的中国家庭关系进行考察，认为传统与现代在家庭中交织，家庭的集体决策变得越发重要，形成多样化的家庭关系，并在具体的社会和文化情境下研究父母与子女在家庭关系中呈现的各自的主体性，以及他们之间存在的互动、协商、妥协关系，在情感转向、对"孝道"的理解和未来回报期待上表现了很多不同于西方的特点并展现出阶层性（沈奕斐，2013；钟晓慧、何式凝，2014）。郑丹丹摒弃以往单纯讨论两代之间代际关系的做法，将三代纳入讨论的领域，将当前代际关系概括为"与过去脱嵌、和未来一体"，她认为，在我国，短期发展起来的由"国家主导的个体化是外生性的"，这种个体化不充分，突出表现为个体化与一体化并存的情形。"中国特色在很大程度上就是家庭对于个人和社会的特殊意义和作用，血脉延续所蕴含的未来维度对中国个体具有一定的'超越'意义，是强有力的嵌入机制。因此，同样是血脉关系，孩子对于个人的价值通常重于父母。"（郑丹丹，2018）这些研究都是在持续考察中国社会转型的过程中进行的，对于个人与家庭的关系，不同代际的关系，家庭成员之间的互动与价值实践都进行了展现与理论反思，其结论为本研究提供了参考。

同时，研究发现日本存在 amae 文化、成年孩子可以与父母同住的文化和因为面子而对孩子的过高期待等，中国则存在儿孙满堂、家本位文化等，这些都与隐蔽青年的出现有关（Chong and Chan，2012；Katc et al.，2012；杨锃，2012）。在社会转型过程中，个人主体性催生了家庭成员之间的张力与协商，构建了复杂多样的家庭关系，具体语境、文化规范、价值观念等成为这种多样化关系的重要影响因素。这正是家庭关系视角要去关注的，各家庭成员作为主体在隐蔽的实践中做出了怎样的行动？行动的逻辑又是什么？

表 1　三种研究视角的内容及其多维度比较

视角	主要关注内容	归因	干预方法
医学化视角	隐蔽青年的暴力、抑郁等精神健康问题	个体发展	药物或家庭治疗
社会结构视角	隐蔽青年的失业、失学、学习困难、不适应社会竞争等	全球化、社会转型、经济衰退等	促进隐蔽青年再就业；国家成立隐蔽青年救助中心
家庭关系视角	隐蔽青年家庭内的情感表达；家庭成员间的经济与物质互助；家庭的亲子关系、亲属关系、社会支持等；文化及价值体系在家庭内的运行机制	家庭成为隐蔽青年抵御社会风险的堡垒，隐蔽是家庭成员的主体选择；家庭的文化和价值在社会转型中的变迁与实践	将家庭作为隐蔽青年和社会之间的连接点，促进多方资源整合，帮助隐蔽青年及家庭探索发展方向

五 隐蔽青年研究的可行路径：关注家庭关系及其文化运行机制

关注隐蔽青年家庭关系及其文化运行机制将弥补国内外隐蔽青年相关研究对家庭关系关注不够细致深入，以至于无法获知隐蔽青年出现的过程及其深层机制方面事实的不足。通过对隐蔽青年脱离社会的过程中的关键事件进行全面梳理与总结，以期发现个人生命历程与社会发展交织在家庭中的表现，总结其过程与规律；然后从代际关系、亲属网络和社会支持三个方面，全面考察隐蔽青年的家庭关系，探究隐蔽青年出现的路径；特别关注在不同情境下，各主体所持有的文化和价值在具体的隐蔽决策和应对隐蔽后果方面如何实践，在家庭层面透视隐蔽青年形成的深层机制。这既有助于推动城市家庭及隐蔽青年研究，同时又为应对和干预城市青年的相关社会问题提供经验支撑和理论基础，兼具理论价值和社会意义。

结合以上分析，本研究认为，隐蔽青年研究的家庭关系视角可以包含以下四个方面。

（一）通过关键事件，探究隐蔽青年出现的过程和规律

隐蔽青年的出现往往是伴随关键事件发生，如学业竞争、学业困难及学业结束，家庭、学校及社会中发生大的变化或紧急事件等，了解个人生命历程与社会发展变化在家庭场域的交织，发现隐蔽青年产生过程和规律，作为考察隐蔽青年出现原因的重要背景。

（二）从三个方面描述隐蔽青年的家庭关系，探究隐蔽青年出现的路径

重点考察代际关系、亲属网络和社会支持。具体来说，代际关系可以从隐蔽青年家庭的居住现状、家庭经济来源与开支、家庭代际情感交流与互动情况展开；亲属网络则从与家庭保持联络与互动的亲属数量及关系、亲属交往及资源互动（如信息、经济、情感支持等）、亲属网络的变化等方面展开；社会支持主要指考察家庭成员的朋友和业缘关系与隐蔽青年家庭成员之间的互动情况，社区、社会服务机构与隐蔽青年家庭的互动情况，隐蔽青年家庭的社会服务和社会保障情况等，考察其中的信息提供、情感支持、物质支持及政策支持情况。特别是父母从代际关系、亲属网络和社

会支持之中获取和整合资源对隐蔽青年的支持实践，与以往研究提到的当代家庭父母汲取亲属网络和社会支持中的资源转移到"弱势"下一代以共同应对社会压力的情况展开对话（徐安琪、张亮，2008）。考察在单位制解体、改革纵深发展、风险更加频繁多样的现代社会，家庭在福利家庭主义的作用下被捆绑为一体以应对风险和压力时的做法，及其主体认知和协商策略，以期将家庭关系纳入社会结构当中，探究分析隐蔽青年出现的路径。

（三）从情境、价值和文化等入手，深入剖析隐蔽青年出现及发展的机制

主要从以下四个方面展开：一是了解家庭规则、家庭权力，特别是父权制的实践、父母对子女的期待；二是了解父母、亲属及隐蔽青年自身对于"孝道"的看法及实现途径；三是了解父母对责任、伦理的解读及家庭实践；四是了解父母对隐蔽青年出现的感受及评价，挖掘当中的张力和矛盾，解析当中的关键价值和文化的实践。从四个方面分析具体的情境、价值和文化对隐蔽青年出现所产生的影响，深入考察在社会压力和风险之下，家庭关系如何采用积极策略选择和解读有关文化和价值以回应具体情境，真正找到隐蔽青年出现的深层机制。

（四）地区比较

以上海隐蔽青年为主要研究对象，以日本和中国香港隐蔽青年为参照，分析大城市的隐蔽青年及其家庭如何在社会转型中应对现实挑战，家庭关系及文化价值的异同，寻找帮助隐蔽青年回归社会的策略，促进家庭成员之间的相互理解，以及隐蔽青年家庭与社会之间的相互理解与协作（见图1）。特别是探索中国"压缩的现代化"（郑丹丹，2018）背景下隐蔽青年家庭关系有何不同于其他地区的特殊性。

六　结语

与以往研究中的医学化视角和社会结构视角不同，本研究认为，隐蔽青年出现的过程中存在关键事件，在社会结构转型带来的压力来袭时，包含代际关系、亲属网络和社会支持的家庭关系能为隐蔽青年"托底"，隐蔽是个体与家庭应对社会转型带来的结构性压力所做出的主体选择，文化和

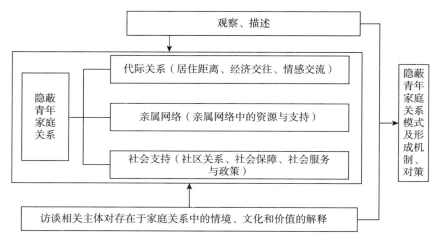

图 1　家庭关系视角下隐蔽青年研究内容

价值的认知与解释在各主体对具体情境的应对和协商等实践中提供了支撑。将家庭关系作为整体考察对象，系统梳理隐蔽青年家庭应对风险时的资源互动与主体选择，可以全面展现新型家庭关系。以家庭关系为中心的视角将改变以往研究多从父母或子女的单一视角出发的做法，将家庭作为整体，尊重各方的主体性，多方收集资料，重点考察隐蔽青年、其家庭成员及相关人员对于家庭关系及文化价值的体验、认知与实践。本研究亦认为隐蔽青年及其家庭是有积极策略的，通过对家庭关系中资源的调动，以及文化和价值的选择与解释从而主动应对社会风险。

　　因此，隐蔽青年研究的家庭关系视角的重点是挖掘隐蔽过程中的关键事件，探究家庭关系及相关主体在具体情境中的文化、价值认知与实践；在关键事件中观察个人生命历程与社会结构变化的交织，家庭作为整体如何整合资源，并在文化和价值上进行选择和解释以应对压力和风险情境，勾画隐蔽青年家庭关系的结构化过程和机制。

　　家庭关系视角的隐蔽青年研究也存在一些挑战。一是进入隐蔽青年家庭现场及深入家庭关系。专业社会工作者这一关键人的引荐尤为重要，研究者的专业经验和方法也十分重要。二是通过隐蔽青年、家人、亲属及社会关系中各主体的表达，构建家庭关系的动态的结构化过程。为应对这些挑战，则需要采用多方印证的方法提高资料的准确性。

参考文献

陈映芳，2015，《社会生活正常化：历史转折中的"家庭化"》，《社会学研究》第 5 期。

韩俊红，2020，《医学脱嵌于社会——当代西方社会医学化研究述评（1970 - 2010 年)》，《社会学研究》第 2 期。

杭苏红，2021，《经验、历史与方法：家庭社会学七十年回顾》，《中华女子学院学报》 第 4 期。

刘佳妮，2020，《为骗取养老金在冰柜藏母亲遗体，上海一男子获刑十个月》，《新京报》 7 月 17 日。

刘汶蓉，2016，《转型期的家庭代际情感与团结——基于上海两类"啃老"家庭的比 较》，《社会学研究》第 4 期。

刘争先，2007，《隐蔽青年现象探析》，《中国青年研究》第 10 期。

马春华、石金群、李银河、王震宇、唐灿，2011，《中国城市家庭变迁的趋势和最新发 现》，《社会学研究》第 2 期。

马春华，2021，《20 世纪海外中国家庭研究述评》，《中华女子学院学报》第 4 期。

沈奕斐，2013，《个体家庭 iFamily：中国城市现代化进程中的个体、家庭与国家》，上海 三联书店。

石金群，2016，《转型期家庭代际关系流变：机制、逻辑与张力》，《社会学研究》第 6 期。

唐灿，2010，《家庭现代化理论及其发展的回顾与评述》，《社会学研究》第 3 期。

唐灿、陈午晴，2012，《中国城市家庭的亲属关系——基于五城市家庭结构与家庭关系 调查》，《江苏社会科学》第 2 期。

王跃生，2006，《当代中国家庭结构变动分析》，《中国社会科学》第 1 期。

吴真，2021，《"个体化"之困：当代法国家庭研究的疑义与论争》，《社会》第 2 期。

徐安琪、张亮，2008，《转型期家庭压力特征和社会网络资源的运用》，《社会科学研究》 第 2 期。

杨锃，2012，《"隐蔽青年"症候群及其援助路径的探索》，《中国青年研究》第 12 期。

郑丹丹，2018，《个体化与一体化：三代视域下的代际关系》，《青年研究》第 1 期。

钟晓慧、何式凝，2014，《协商式亲密关系：独生子女父母对家庭关系和孝道的期待》， 《开放时代》第 1 期。

综合编辑，2020，《活久见！上海一男子将亲妈尸体藏冰柜，居然是因为……》，《新民 晚报》7 月 30 日。

Alan，R. T. 2010. "A New Form of Social Withdrawal in Japan：A Review of Hikikomori." *International Journal of Social Psychiatry* 56（2）：178 - 185.

Amy，B. 2008. "Japan's Hidden Youths：Mainstreaming the Emotionally Distressed in Japan."

Cult Med Psychiatry 32 （4）: 552 – 576.

Andy, F. 2008. "The Japanese Hikikomori Phenomenon: Acute Social Withdrawal Among Young People." *The Sociological Review* 56 （2）: 309 – 325.

Chan, H. and Lo, T. 2014. "Quality of Life of the Hidden Youth in Hong Kong." *Applied Research in Quality of Life* 9: 951 – 969.

Chong, S. S. and Chan, K. 2012. "A Case Study of a Chinese Hikikomorian in Canada-Theorizing the Process of Hikikomorization." *The Journal of Special Education and Rehabilitation* 13: 99 – 144.

Julie, C. Bowker, Matthew, H. Bowker, Jonathan, B. Santoc, et al. 2019. "Severe Social Withdrawal: Cultural Variation in Past Hikikomori Experiences of University Students in Nigeria, Singapore, and the United States." *The Journal of Genetic Psychology* 180 （4 – 5）: 217 – 230.

Kato, T. A. et al. 2012. "Does the 'Hikikomori' Syndrome of Social Withdrawal Exist Outside Japan? A Preliminary International Investigation." *Soc Psychiatry Epidemiol* 47 （7）: 1061 – 1075.

Kato, T. A., Kanba, S., and Teo, A. R. 2016. "A 39-Year-Old 'Adultolescent': Understanding Social Withdrawal in Japan." *The American Journal of Psychiatry* 173 （2）: 112 – 116.

Kondo, N., Sakai, M., Kuroda, Y., et al. 2013. "General Condition of Hikikomori (Prolonged Social Withdrawal) in Japan: Psychiatric Diagnosis and Outcome in Mental Health Welfare Centers." *International Journal of Social Psychiatry* 59 （1）: 79 – 86.

Koyama, A., Miyake, Y., Kawakami, N., et al. 2010. "Lifetime Prevalence, Psychiatric Comorbidity and Demographic Correlates of 'Hikikomori' in A Community Population in Japan." *Psychiatry Research* 176 （1）: 69 – 74.

Liu, L. L., Li, T. M., and Wong, P. W. C. 2020. "Discovering Socially Withdrawn Youth in Shanghai Through the Eyes of Social Workers: A Mixed-methods Study." *Journal of Social Work* 21 （3）: 435 – 455.

Tateno, M., Park, T. W., Kato, T. A., Umene-Nakano, W., and Saito, T. 2012. "Hikikomori as a Possible Clinical Term in Psychiatry: A Questionnaire Survey." *BMC Psychiatry* 12: 169.

Tuukka, T., Vinai, N., and Yukiko, U. 2011. "Unable to Conform, Unwilling to Rebel? Youth, Culture, and Motivation in Globalizing Japan." *Frontiers in Psychology* 2: 207.

Uchida, M. and Uchida, C. 2011. "P01 – 477 – Hikikomori; Social Withdrawal in Japan Influenced by Increased Adaptation to Economic Changes and Modernization While Holding on to Traditional Values." *European Psychiatry* 26 （Supp – 1）: 481.

Umeda, M., Kawakami, N., and the World Mental Health Japan Survey Group 2002 – 2006. 2012. "Association of Childhood Family Environments with the Risk of Social Withdrawal

('Hikikomori') in the Community Population in Japan. " *Psychiatry and Clinical Neuro-sciences* 66 (2): 121 – 129.

Wong, V. 2012. "Social Withdrawal as Invisible Youth Disengagement: Government Inaction and NGO Responses in Hong Kong. " *International Journal of Sociology and Social Policy* 32 (7/8): 415 – 430.

Yan, Y. 2016. "Intergenerational Intimacy and Descending Familism in Rural North China. " *American Anthropologist* 118 (2): 244 – 257.

都市社会工作研究　第 9 辑

第 112～132 页

© SSAP, 2021

"友好"何以实现：国外认知症
友好社区文献研究

李　阳*

摘　要　在全球认知症形势日益严峻的背景下，认知症友好社区的理念和实践在国外得到了广泛讨论。认知症友好社区建设的核心原则主要有以人为本、社会参与、意识提升和多元合作。在构建认知症友好社区的过程中，相关主体可能会面临来自环境和交通、服务能力、建设资金、非正式网络、技术使用以及利益代表等方面的挑战。当前，国外的认知症友好社区研究呈现研究重心转移和跨学科研究加强等趋势。未来，认知症友好社区研究还需进一步加强理论体系构建，关注量化和评估研究，提高发展中国家的研究比重。

关键词　认知症友好社区　认知症患者　生活体验　社会参与

进入 21 世纪以来，全球老龄化程度不断加深，认知症成为世界各国面临的共同挑战。根据国际阿尔茨海默病协会（Alzheimer's Disease International，ADI）的测算，2015 年，全世界约有 4700 万人患有认知症，约占全球老年人口的 5%，这一数字几乎每 20 年就会翻一番。预计到 2030 年，全世界的认知症患者人数将达到 7500 万人，2050 年将达到 1.35 亿人（Alzheimer's

---

*　李阳，华东政法大学政治学与公共管理学院博士研究生，研究方向为公共政策、社区治理。

Disease International，2013）。调查数据显示，2/3 的认知症患者都希望能在家中居住，并尽可能独立地在社区中继续生活（Prince et al.，2014）。因此，应将对认知症患者的干预从临床扩展到社区（Lord et al.，2020）。但如果单纯依靠家庭，认知症将会给家庭和照护者带来身体、情感和经济等方面的巨大压力。在此背景下，自 21 世纪初开始，以日本和英国为代表的发达国家开始探索建立一种为认知症患者、照护者及其家庭提供全面支持的社区形态，并称之为"认知症友好社区"（Dementia-friendly Communities，DFC）。

作为一个重要的公共卫生议题，认知症友好社区的概念一经提出，便引起了国外学界的广泛关注。经过十多年的探索和实践，国外的认知症友好社区研究脉络已经逐渐清晰，核心问题也得到了较为充分的讨论。但同时，国外的认知症友好社区研究也存在理论体系薄弱、量化研究不足、发展中国家缺位等问题。本文通过对国外近 10 年有关认知症友好社区的文献资料进行分析和综述，以期为国内的相关研究和实践提供借鉴。

一　认知症友好社区的概念建构

（一）认知症友好社区的内涵与定义

作为全球人口老龄化最严重的国家之一，日本在 2005 年最先开始了认知症友好化的实践，如减轻认知症污名化、增强认知症意识、注重专业人员培训、加强社区护理等，并出于去污名化和消除歧视的考虑，将"痴呆症"改称为"认知症"。这些举措对后来其他国家和地区的认知症友好社区实践产生了重要影响。2010 年，受英国卫生部委托，认知症创新社区利益公司（Innovations in Dementia CIC）开展了关于"具备认知症自主能力的社区"的调研，并在 2011 年发布的调研报告《具备认知症自主能力的社区：认知症患者及其支持者的视角》中首次提出"认知症友好社区"概念（Innovations in Dementia CIC，2011）。但该报告主要聚焦的是具备认知症自主能力的社区，因此只是列举了认知症友好社区的原则，并未进行明确的概念界定。自英国将认知症友好社区建设纳入国家认知症战略后，认知症友好社区开始在世界范围内大量涌现，诸多公共部门和研究者都对认知症友好社区的定义和内涵进行了阐释（见表 1）。

国际阿尔茨海默病协会认为，认知症友好社区是一个地方或一种文化，认知症患者（Persons with Dementia，PWD）及其照护者被赋予权利，得到支持并融入社会，且人们充分理解和承认认知症患者的权利和潜力。英国阿尔茨海默病协会认为，认知症友好社区是指这样一个城市、城镇或村庄，认知症患者在其中可以得到理解、尊重和支持。在认知症友好社区中，人们能够正确认识并理解认知症，认知症患者可以在他们选择的社区中按照他们想要的方式生活。认知症友好社区对于帮助认知症患者健康生活并继续保持作为社区中的一分子至关重要。如果得到适当的支持，即使在确诊多年后，他们仍然可以继续发挥积极和有价值的作用（Alzheimer's Society，2021）。世界卫生组织提出，认知症友好社区至少应当包括以下核心内容：保护认知症患者的人权；消除与认知症有关的病耻感和污名化；促进认知症患者的社会参与；支持认知症患者的家庭及其照料者。认知症友好计划可以促进认知症患者的健康，增强反映认知症患者的愿望和偏好的社会结果，并提高认知症患者、照料者乃至社区的生活质量。提高公众对认知症的认知、接受和理解程度以及打造一个认知症友好的社会环境，可以使认知症患者有机会参与社区活动，并通过提高社会参与水平来最大限度地发挥他们的自主权（World Health Organization，2017）。

表 1　国外公共部门对"认知症友好社区"的内涵界定

文献标题	作者/年代/地区	认知症友好社区的内涵
认知症友好社区创建报告	认知症创新社区利益公司；2012；英国	DFC 是"一个整合的社会，认知症患者一生都可以生活在正常的家庭环境中，并参与日常的社区活动"
创建认知症友好社区：一件与所有人都息息相关的事项	英国阿尔茨海默病协会；2013；英国	DFC 是一个让 PWD 志向高远并充满自信的社区，因为他们知道自己可以参与有意义的活动并做出贡献。建立 DFC 的十个关键领域：（1）将 PWD 纳入建设过程；（2）消除污名化并建立理解；（3）无障碍社区活动；（4）认识 PWD 的潜力；（5）确保早期诊断；（6）对 PWD 参与社区生活的实际支持；（7）基于本地社区的解决方案；（8）一致和可靠的出行选择；（9）易于导航和辨识的环境；（10）充满尊重和积极响应的商业服务
绘制欧洲的认知症友好社区地图	欧洲认知症基金会；2015；欧洲	DFC 由一系列致力于提高 PWD 生活质量的活动、项目和行动构成，并通过创造一个包容性和支持性环境使 PWD 成为积极参与者。DFC 包含四个基本要素：（1）培训、教育和提高认识；（2）PWD 在其居住社区中的积极融合和参与；（3）伙伴关系、网络和协作；（4）保护和共享资源

文献标题	作者/年代/地区	认知症友好社区的内涵
认知症友好社区：主要原则	国际阿尔茨海默病协会；2016	DFC 是一个地理区域或一种文化，PWD 及其照护者被赋予权利，得到支持并融入社会，人们充分理解和承认 PWD 的权利和潜力。DFC 的两个主要目标：（1）减少污名化；（2）为 PWD 赋权。DFC 的成果：（1）人们对认知症的了解增加；（2）PWD 的社会和文化参与增加；（3）PWD 的赋权和权利保护措施；（4）认知症的保健和服务能力的增强。DFC 的原则：（1）对象是 PWD 和照护者；（2）社区包括自然环境和物理环境；（3）实践组织包括认知症友好机构和医疗保健机构；（4）伙伴关系是将 DFC 作为一项社会行动倡议，跨部门支持和采取集体行动以实现目标

（二）认知症友好社区概念的演进路径

认知症友好社区并非一个全新的概念，在认知症友好社区的概念被提出之前，已经存在"老年友好"（age-friendly）和"认知症友好"（dementia-friendly）两个相关概念。这两个概念被认为是认知症友好社区概念的重要基础，在理论和实践上，都对认知症友好社区概念产生了深刻影响。通过对老年友好、认知症友好和认知症友好社区三个概念提出背景的分析，可以发现，认知症友好社区概念的演进在很大程度上遵循"老年友好—认知症友好—认知症友好社区"的路径（见图1）。

首先，认知症友好作为老年友好的补充概念出现。自世界卫生组织在 2007 年发布《全球老年友好城市指南》（Global Age-friendly Cities：A Guide）以来，许多国家制定了老年友好战略，包括使社区环境对老年人更具包容性和可达性，但老年认知症患者的需求往往被忽略。在欧洲，为应对老年认知症患者人数的持续增长，认知症友好的概念已被广泛应用（Cooper et al.，2014）。认知症友好与老年友好的概念具有紧密的联系，二者是交叉关系，既存在重叠部分，又有各自独立的部分（World Health Organization，2017）。由于认知症的病理特性，绝大多数的认知症患者是老年人（Alzheimer's Disease International，2015a）。因此，认知症友好行动和老年友好行动采取了同一种社区发展方法，即通过社区成员和关键利益相关者的合作来创建一种支持性、包容性和有利的环境，以寻求面临的共同挑战的解决方案，并以此提高社区的生活质量。二者都涉及来自不同部门的社区利益相关者以及受影响的人群（老人、认知症患者、照护者），并促使他们通过一个核心框架来对社区需求及差距进行评估，最后根据评估结果来制订和实施行动计划。世界卫生组织认为认知症友好社区和老年友好社区具有显著的重合之处，这些共同点应该持续深化并扬长避短，因为一个社区可同时具备这两项特性（Alzheimer's Disease International，2015b）。

之后，认知症友好社区作为认知症友好在社区层面的应用被提出。大多数国家在构建认知症友好社区之前提出了认知症友好的理念。其中，美国、澳大利亚和欧洲等国家和地区还制定了认知症友好行动指南和工具包。认知症友好社区和认知症友好行动之间是归属关系。与认知症友好社区相比，认知症友好行动涵盖了更为广泛的领域，包括医院对认知症患者的护理、认知症友好设施的设计以及为提高认知症患者的生活质量而做出的社区努力等。认知症友好行动通常以一种个性化的整体方法来提升认知症患者的尊严、授权、参与和自主，从而在其整个生活轨迹中实现福祉（Crampton and Eley，2013）。认知症友好行动标志着一项根本性转变，即相关主体从专注于满足认知症患者的身体和健康需求转变为支持认知症患者实现最佳生活质量的整体方法（Alzheimer's Disease International，2016）。换言之，认知症友好社区关注的是认知症患者及其照护者和家属在社区中的友好体验，而认知症友好行动则力图将这种体验扩大到所有认知症患者可能触及的范围和领域，以实现更加广泛的社会友好。

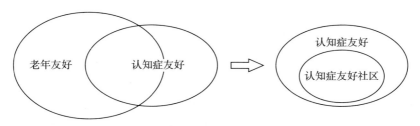

图 1 认知症友好社区概念关系及生成路径

（三）认知症友好社区相关概念辨析

在国外的认知症友好社区的概念谱系中，还存在另外两个重要概念："具备认知症自主能力的社区"（Dementia-capable Communities，DCC）和"认知症积极社区"（Dementia-positive Communities，DPC）。为了表述方便，我们不妨将"具备认知症自主能力的社区"简称为"认知症有能社区"。认知症有能社区主要基于能力支持模型，以减轻资源条件对认知症患者及其家庭产生的消极影响（Crisis Prevention Institute，2020）。为保障社区能力和患者需求的一致性，认知症有能社区应该能够为认知症患者及其照护者提供参与制订服务计划、确定服务能力、咨询服务设置、专业的家庭和社区服务提供者等支持（Tilly et al.，2014）。认知症友好社区和认知症有能社区都鼓励包容和接受，前者主要聚焦的是认知症患者的生活体验，通过优化生活环境以确保认知症患者及其家人能够享受正常的社区生活；后者则着眼于满足认知症患者及其家庭的特定需求，并将认知症包容从社区扩展到整个社会。

"认知症积极社区"更加关注社会对认知症患者的积极态度，强调发掘认知症患者的力量和贡献。认知症积极社区不仅要求改变态度和行为，而且要求改变信念。因为积极态度仅代表价值的变化。有了积极的态度，人们可能同意认知症患者应该过有意义的生活；但如果没有积极的信念，人们可能不会相信认知症患者实际上可以过有意义的生活。一个社会即使具备认知症自主能力和友好化特征，但是如果缺少认知症积极化，其仅仅是一个容忍和尊重差异的社会，一个支持或照顾其成员的社会，而不是一个真正将认知症患者视为平等贡献者的社会。Shih-Yin 和 Marcus 将这种状态称为"伪社会融合"（Shih-Yin and Marcus，2015）。此外，在认知症积极社区中，认知症患者也被期望能够主动行动，通过与他人的沟通和合作，找到应对困难的策略（Maki and Endo，2018）。

在国外的语境中，研究者通常将认知症友好社区、认知症有能社区、认知症积极社区作为三个相对独立的概念。笔者认为，尽管三个概念的侧重点有所不同，但三者之间存在紧密的逻辑关系：认知症友好社区是认知症有能社区和认知症积极社区的结合形态；认知症有能社区是构建认知症友好社区的能力前提；认知症积极社区是构建认知症友好社区的态度前提。对于认知症友好社区的构建来说，不仅要在资源条件上满足认知症患者及其家庭的需求，还要在情感和行动上给予其积极支持。如果一个社区同时符合认知症有能社区和认知症积极社区的特征，便具备了认知症友好社区的所有要素，认知症患者及其家庭也将获得身体、心理和经济等方面的多重支持。

二 认知症友好社区的构建原则

尽管并非所有文献都对认知症友好社区的定义进行了明确界定，但大部分文献在不同程度上体现了自主、意识、尊严、授权、赋权、参与、包容、独立、安全、支持和理解等内涵（Hebert and Scales，2019）。通过对这些关键词之间逻辑关系的梳理和总结，可以发现大部分研究将认知症友好社区的构建原则指向了以下四个方面。

（一）以人为本

"以人为本"（Person-centered Care Principles）是认知症友好行动的首要原则（Downs，2013）。早在 20 世纪 90 年代初，Tom Kitwood 等便率先提出以人为本的认知症患者护理理念（Kitwood，1997）。认知症友好社区描绘的场景对普通人来说可能是理所当然的，但在身体、感官或认知方面存在障碍的人通常会因为身体、社会、心理和经济上的原因被排斥在外，认知症患者的情况尤其如此（Innovations in Dementia，2012）。根据利益相关者理论，认知症患者是认知症友好社区的核心利益相关者。因此在实施认知症友好行动时，应当充分考量认知症患者的态度和观点，为认知症患者及其家庭赋权和授权。

世界卫生组织指出，认知症友好社区具有天然的情境性特征，各地区的认知症友好社区建设都是基于当地社区的文化背景和特定需求（World Health Organization，2017）。为了解认知症患者的真实需求，2014 年，澳大利亚阿尔茨海默病协会对认知症患者进行了首次全国调查。结果显示，认知症患者认为创建认知症友好社区的优先领域应当涵盖：提高社区对认知症的认识和了解程度；增加参与社交活动的机会，包括志愿服务；获得就业机会或继续就业的支持；获得适当的保健和护理服务，以支持他们继续尽可能长时间地在家中生活；获得负担得起的便捷交通选择；改善物理环境，包括适当的标识、照明和颜色（Alzheimer's Australia，2014）。

此外，在认知症患者及其家庭需求的基础上，还要兼顾其他社区成员的需求。Yohko Maki 等认为，社区需求的识别应当涵盖所有成员，社区是个体与他人共同生活的人际关系的集合，认知症友好社区的意义不仅是保持认知症患者的积极生活，对未患认知症的社区成员以及整个社会的福祉也至关重要（Maki et al.，2020）。Tsuyoshi Okamura 等对东京地区的 13 万名 65 岁以上居民进行的问卷调查结果显示，78% 的受访对象都会因担心未来得不到适当的认知症照护而感到焦虑。减少非认知症老人的预期焦虑也是认知症友好社区需要关注的问题（Okamura et al.，2019）。

（二）社会参与

与认知症有关的一个重要难题是个体经常脱离环境，而积极有效的社会参与则是破解这个难题的重要手段。英国认知症创新社区利益公司将认知症患者描述为"社会中最边缘化、最受社会排斥和最受污名化的群体"（Innovations in Dementia，2012）。大量受认知症影响的人会感到社会无法了解他们的生活状况，这种感受深刻地影响着他们与外界的交流方式。这也是为何认知症患者会时常感觉随着病情的发展，他们需要退出社区。事实上，超过1/3的认知症患者会感到孤独，超过1/4的照料者会感到与社会隔绝（Alzheimer's Society，2020）。

认知症患者通过主动参与社区生活，实现社会融入，可以有效减少外界对其的负面定型观念。定期的社区参与不仅可以提高认知症患者的生活质量和照护质量，还可以提高社区对于认知症居家照护问题及其复杂性的认知，并使认知症患者能有持续的机会为社区做出贡献（Davis et al.，2009）。Karen Smith 等认为，机制化的实体组织对于认知症患者的社会参与非常有益。认知症患者可以聚会的兴趣小组、俱乐部以及其他欢迎认知症患者的社团是宝贵的支持来源（Smith et al.，2016）。Karen Thompson 深入探索了共同参与对认知症患者与照护者之间关系的积极影响。在记忆促进活动中，最重要的不是休闲活动，而是在类似情况下与他人建立联系的机会。以认知症患者和照护者的共同参与为重点而设计的活动，不仅可以发展他们与他人的关系，还支持他们自己的关系（Thompson，2020）。Andrew Clark 等在认知症背景下重新审视了"邻里"的意义。邻里可以为认知症患者提供机会，使其以一种有意义的方式积极参与社区空间的塑造，从而使社区更具网络化和关系化特征（Clark et al.，2020）。Jiamin Dai 等从人机交互工作的角度主张设计新的社交技术以扩大认知症患者的社交范围，具体建议包括扩大对等协作、利用物理和虚拟空间、创造开放式体验以及发展灵活平台（Dai and Moffatt，2020）。

社会参与也是体现认知症患者的能力和贡献的重要渠道，有助于增强社区成员对认知症患者的肯定和信念，实现"认知症积极"。Mayumi Hayashi 基于日本的经验提出强烈建议，让认知症患者参与并整合他们的贡献将使认知症友好行动快速步入正轨（Hayashi，2017）。

认知症友好社区蕴含了一种重新想象和重新构建孤立的个体社会的可

能性。在孤立的个体社会中，只有付费服务提供者才能提供个体所需的帮助。而在认知症友好社区中，认知症患者不仅能够与其他社会成员一起生活，还能与他们的社区积极互动，并成为社区中不可或缺的一分子。从这个角度来看，认知症友好社区正在创造一种新的彼此生活而非仅仅毗邻的生活方式（Rothe et al.，2017）。

Lyn Phillipson 等通过以社区为基础的参与性行动研究（Community Based Participatory Action Research，CBPAR），指出认知症患者作为发言人或教育者等角色的直接参与是提升社区成员积极态度、减少认知症负面定型观念的有效途径（Phillipson et al.，2019）。Natalie Turner 等则从社交能力的角度强调了社会参与对于其他社区成员的意义。与认知症患者相比，在沟通和理解能力方面存在欠缺的人群要更为广泛。所以通过持续的物理和社会环境接触，对于各年龄段居民生活质量的提高同样至关重要（Turner and Cannon，2018）。

（三）意识提升

消除病耻感和污名化是认知症友好社区的价值目标之一，增进人们对认知症的了解是实现该目标的重要途径。诸多研究者和公共部门在描绘认知症友好社区时都会强调提升认知症意识和消除污名化的重要性。如 Cathy Henwood等通过理论实例和实施策略提出认知症友好社区的内涵：（1）认知症患者是正式的社区成员；（2）关注强大的当地社会结构；（3）提升人们的认知症意识并挑战污名化；（4）认知症患者易于通过各种交通方式导航出行（Henwood and Downs，2015）。欧洲阿尔茨海默病协会在《欧洲认知症年鉴2015》中指出，欧盟成员国在认知症友好社区建设方面的主要目标有：增强认知症意识；减少污名化；促进有意义的社会融合；全社区参与；等等（Alzheimer Europe，2015）。Murna Downs 认为，认知症友好社区可以培育人们对认知症的理解并支持他们与认知症患者融洽共处。认知症友好社区是为认知症患者提供人权和福祉的自然产物（Downs，2013）。

在行动策略方面，Kate Swaffer 认为，污名化会对认知症的及时诊断、社会包容、社会参与等方面造成显著的消极影响。语言是造成污名化的重要原因，应将"受害者""患病者""痴呆"等词语替换为其他支持性语言（Swaffer，2014）。Lyn Phillipson 等将信息宣传作为提升社区认知症意识的重要策略，包括建立网站、与各级政府媒体进行互动、通过信息发布会和讲座向社区成员提供教育、印刷宣传材料、向公众发布期刊文章和会议文稿等学术成果（Phillipson et al.，2016）。Alexandria R. Ebert 等测试了两种认知症知识（基于人格的知识及生物医学知识）对社会舒适感的影响，发现掌握基于人格的知识的居民可以减少对认知症的恐惧，获得较高的社会舒适感；而掌握较多生物医学知识的居民所采取的认知症活动通常是更有效的。基于此，作者建议社区成员和专业人员应该在生物医学知识和基于人格的知识之间取得平衡（Ebert et al.，2019）。

在效果评定方面，研究者主要通过个案分析来证实认知症意识普及和教育活动对社区成员态度的影响。Janet Dean 等认为，广泛的认知症意识普及和教育是社会接纳和包容认知症患者的必要前提。在开展了认知症意识提升活动的社区中，人们更有可能识别出认知症患者是否需要帮助（Dean et al.，2015）。2016 年，在澳大利亚 Kiama 认知症友好社区试点评估项目中，研究者通过社区态度调查发现，参加认知症意识提升活动或信息发布会后的居民对认知症患者的社区参与持更加积极的观点（Phillipson et al.，2016）。Phyllis Braudy Harris 等将由大学生、认知症患者及其家属组成代际合唱团作为建立认知症友好社区的开端。经过 10 周的排练和数据收集，参与者的态度都发生了积极变化：学生对认知症和生活体验的了解增加、污名减少、社会联系增多；认知症患者及其家属的归属感增强，并表达了成为社区成员的感受（Harris and Caporella，2019）。

（四）多元合作

从本质上看，认知症友好社区是一种将认知症友好作为价值取向的特殊社区形态。因此，认知症友好社区的构建仍是一个社区治理问题，需要通过多元参与来实现社区建设和治理目标。美国认知症友好组织（Dementia Friendly America，DFA）指出，认知症是一个社区问题，需要在社区一级解决。在构建认知症友好社区的过程中，社区中的每个部分都发挥着独特的作用。当各个部分都采取自己的步骤来提供支持时，一个知情、安全和尊重的认知症友好社区便会形成（Dementia Friendly America，2020）。

"成立指导小组—确定优先事项—制订行动计划"是构建认知症友好社区的关键环节。Michelle Hewar 等指出，一系列促进性的行政决策程序可以为认知症友好行动带来有效支持（Hewar et al.，2017）。在实施老年友好或认知症友好行动之前，许多社区成立了一个多部门指导小组，成员包括地方政府工作人员、社区成员、研究人员以及认知症患者（Clark，2011）。指导小组可以参与本地的认知症友好计划，以促进计划开展。例如，在澳大利亚的 Kiama，由当地的认知症咨询小组成员（包括认知症患者和照护者）、服务组织代表、感兴趣的社区成员组成的地方利益团体"认知症联盟"（Dementia Alliance）参加了地方议会的"残疾与无障碍委员会"（Disability and Access Committee of the Kiama Council），并发挥着重要的决策作用（Phillipson et al. ，2016）。

利益相关者机制是构建认知症友好社区的重要基础。通过社区成员和关键利益相关者的合作可以形成一种支持性、包容性和有利于利益对话的环境（Turner and Morken，2016）。Catharine Jenkins 等认为，认知症友好社区承认社区成员的中心性、当地居民的相互依存性以及提升认知症意识和支持的重要性（Jenkins and Smythe，2013）。Lyn Phillipson 等也提出，对认知症有益的举措和事项必须与社区的意愿相吻合（Phillipson et al. ，2016）。

在确定优先事项之后制订行动计划，在某些社区中被证实是推进认知症友好行动的一种有效方法（Hewar et al. ，2017）。制订行动计划可以明确认知症友好行动的重点，同时还通过确定资金来源以及提高社区成员的包容性来提升行动的可持续性（Phillipson et al. ，2016）。组织间的伙伴关系和服务网络关系的建立对认知症友好社区的成功起着至关重要的作用（Shannon et al. ，2018）。至少在认知症友好社区计划开始之初就聘请协调员，有助于将各团体聚集在一起并支持认知症友好行动的顺利进行。此外，为解决服务机构的认知症患者服务能力问题，还应列出认知症患者可能用到的所有业务和服务，并提供信息以帮助服务提供者与认知症患者进行互动（Prior，2012）。

三 认知症友好社区的构建挑战

认知症友好社区主要通过为认知症患者营造适宜的物理和社会环境，优化认知症患者及其家庭的生活体验，使其可以过上正常的生活。因此，在构建认知症友好社区的过程中面临的挑战与认知症患者个人遭遇的挑战在很大程度上是相似的。Sally Barlow 等对全世界 1986～2017 年 31 年间的有关认知症患者及照护者观点的文献进行了系统回顾，归纳出认知症患者在生活中面临的持久存在的障碍，主要包括：否定、污名和恐惧，缺乏知识、症状正常化不足、不能保持自主、需求感知不足、意识不到变化、缺乏非正式网络的支持，照护者困难以及求助渠道不畅（Parker et al.，2020）。这些问题通常也是认知症友好社区致力于解决或改善的问题。目前，国外研究者提出的认知症友好社区的挑战主要来自以下方面。

第一，环境和交通挑战。在认知症友好社区中，室外区域和公共场所的室内安静区域要便于认知症患者访问和导航（Smith et al.，2016）。而混乱的街道布局或不清晰的标志经常使得认知症患者的导航和辨识变得困难（Innovations in Dementia，2011）。Stephen Neville 等认为，交通便利性是影响社会联系的重要因素（Neville et al.，2018）。对于生活在没有公共交通工具的地区的人们来说，要想继续生活并与社区保持联系，获得私人交通工具至关重要（Phillipson et al.，2019）。对于那些没有私人交通工具并且无法支付交通服务费用的人，社区参与的机会受到限制。这也是为何拥有更多财务资源的人一般更有能力继续参与社区活动（Dean et al.，2015）。

第二，服务能力挑战。认知症患者如果需要商业服务，则必须从当地企业买入。但很可能由于商店店员不具备服务认知症客户的能力，导致双方沟通困难（Dean et al.，2015）。而且企业自主进行认知症意识培训又存在明显困难，因为其缺乏足够的时间和费用来支持员工的认知症培训（Hewar et al.，2017）。

第三，建设资金挑战。资金对于认知症友好社区计划的成功至关重要。资金的不确定性和某些部门的不稳定性给认知症友好项目和服务的可持续性带来了进一步的挑战。甚至在有固定资金供给的认知症友好社区项目中，服务对象仍会担心一旦停止供资，该项目将无法继续（Dean et al.，2015）。因此，Lyn Phillipson 等建议地方政府应成为重要的资金和实物支持来源（Phillipson et al.，2019）。

第四，非正式网络的挑战。非正式网络和社会资本也是促进或阻碍认知症友好社区建设的不容忽视的因素。与社会孤立者相比，拥有强大社交网络的人更易获得社区成员的支持（Wiersma and Denton，2016）。Hiroshi Murayama 等通过回归分析发现，社区社会资本与认知能力下降的人口比例呈正相关关系（Murayama et al.，2019）。农村社区或小型社区的熟人社会特征可能成为认知症患者社区参与的促进因素，人们通常将彼此认识的社区视为安全的社区（Smith et al.，2016）。在这种社区中，邻里会向认知症患者及其家庭提供非正式支持。但农村社区的人口变化正威胁着那里脆弱的非正式支持网络。此外，在熟人社区中，由于病耻感的存在，对隐私的关注可能成为部分认知症患者主动获取服务的障碍（Wiersma and Denton，2016）。

第五，技术使用挑战。科学技术的发展和应用对老人生活体验的两面性影响是一个经典议题。对认知症患者而言，这种两面性体现得更加明显。例如，认知症患者可以借助互联网技术，通过社交媒体与家人、朋友和其他患者保持联系（Smith et al.，2016）。社区和家庭可以利用智能定位手环防止认知症患者走失。但技术的门槛性也会成为认知症患者社会参与的障碍。例如，在商店中使用电子支付方式会引起认知症患者的混乱和焦虑，以及大量需要通过互联网访问的服务（如地方议会服务系统和图书馆自助结账系统），都会抑制认知症患者的服务需求（Innovations in Dementia，2011）。

第六，利益代表挑战。认知症患者积极参与决策是一项确保认知症友好行动与认知症患者的优先需求相一致的战略（Phillipson et al.，2019）。在认知症友好社区建设的过程中，认知症患者的态度和观点至关重要，但目前还未得到充分利用（Swaffer，2014）。Penny Rapaport 等从利益相关者的视角分析发现，认知症患者本人和专业人士通常将自主权和"与认知症相处得很好"列为优先事项，而家庭照护者则优先考虑避免伤害（Rapaport et al.，2020）。如何将不同程度的认知症患者都纳入决策体系，如何保证照护者的观点与患者一致，如何确保指导小组能够真正代表社区利益，都是认知症友好社区需要回答的问题（Hewar et al.，2017）。Dianne Gove 等指出，研究人员和研究伦理委员会有责任设计和批准研究，以使一系列不同程度的认知症患者都能够参与其中（Gove et al.，2018）。

除上述主要挑战之外，不同地区在构建认知症友好社区时还可能碰到其他问题。譬如，单身独居者、社会孤立者、学习障碍者、性少数群体（LGBT）等边缘化认知症患者的社区参与困境；照护者可获取的支持和喘息服务不足（Dean et al.，2015）；具备工作能力的认知症患者被迫退出工作队伍（Smith et al.，2016）。

四　认知症友好社区的研究趋势与展望

（一）研究趋势

在大量相关文献研究的基础上，本文发现，目前国外有关认知症友好社区的研究已经呈现以下三个趋势。

　　第一，研究重心从社区能力转向生活体验。在认知症友好社区概念提出后，人们最先关注的是环境和能力维度，即社区是否具备认知症服务能力。随着实践的发展，人们意识到社区态度和信念的重要性，并开始关注认知症患者及其家属的主观生活体验。安德拉和苏珊认为，认知症友好社区的重心从环境转移到生活体验，这种文化变革要求创造一种鼓励认知症患者成为日常生活中的积极参与者，而非被动的服务接受者的环境（Davis et al.，2009）。Ruth Bartlett 从公民权利的角度提出，认知症友好社区的建设重点要从建成环境扩展到包容性和人权，从政治领域扩展到家庭领域（Bartlett，2016）。伴随着认知症友好社区的关注点的转向，研究重心也相应发生了转变。

　　第二，研究对象从理论转向个案。目前，认知症友好行动研究主要基于定性和描述性研究，重点研究领域包括针对认知症的环境设计、意识和教育提升、友好社区建设等。由于各个认知症友好社区都是基于当地的文化背景和社区需求而构建的，在此背景下，越来越多的研究者开始关注个案，出现了一批将研究视角聚焦于一个国家、城市、城镇或社区的个案研究成果。譬如，Elaine C. Wiersma 等探讨了加拿大安大略省北部农村的社区支持网络对认知症患者起到的安全网作用（Wiersma and Denton，2016）。Stefanie Buckner 等将英格兰 100 个认知症友好社区作为样本，对该国认知症友好社区的总体特征进行描述，以便对认知症友好社区产生的影响进行全国评估（Buckner et al.，2019）。Wu Suh-Mian 等根据认知症患者及其照护者的意见，制定了台湾的认知症友好社区指标，包括认知症友好护理服务、认知症友好医院、认知症友好社区环境、认知症友好交通、认知症友好商店、认知症友好人员、完善患者信息以及社区贡献与增加患者参与机会等（Wu et al.，2019）。

　　第三，多领域、跨学科的合作。认知症友好社区是一个领先于时代的概念，拓展了人们看待认知症的视野。Sarah Hawkes 等指出，联合国可持续发展议程中制定的可持续发展目标的重要性在于其超越了生物医学方法，可以抓住机会以实现最充分、最广泛、最根本的健康权（Hawkes and Buse，2016）。笔者认为，这也是在作为一种医学病症的认知症领域，认知症友好化解决方案能得到如此重视的原因。正因如此，在认知症友好社区研究中，存在强大的跨学科合作，来自建筑学、工程学、医学、护理学、心理学、社会学和旅游学等多个学科的学术研究的整合扩大了认知症友好社区的研

究范围 （Weiss，2016）。高校中认知症护理的跨学科研究，为实践中跨学科的合作奠定了重要基础 （Kenigsberg et al.，2015）。认知症友好社区的研究使人们超越了 "症状和行为" 的个体病理学，而专注于通过社会和环境解决方案推动的更广泛的福祉、人权和社会包容概念 （Innes et al.，2012）。在这一过程中，社会科学发挥着不可替代的作用。

（二） 研究展望

首先，加强理论体系构建。在认知症友好社区研究中，理论体系还未得到完全构建。Ruth Bartlett 认为，认知症友好社区的概念尚处于起步阶段，并且理论化不足 （Bartlett，2016）。目前，认知症友好社区的理论基础主要有人格理论框架、残障社会模型、人权和公民权、环境压力模型以及过渡理论 （Hebert，2017）。大部分研究者选择了既有理论中的一种作为认知症友好社区的理论基础，但未进行充分的理论整合和创新。Melanie Handley 等指出，只有当相关理论更加紧密地联系在一起时，认知症友好化的基础知识才能在认识论上得到进一步加强 （Handley and Goodman，2015）。可见，未来还需要加强认知症友好社区的基础理论、过程模型以及评估模型等理论研究，构建具有更强解释力的理论体系。

其次，关注量化以及评估研究。目前的认知症友好社区研究偏向于质性研究，量化研究相对较少。尽管关于认知症友好社区的评估研究不断增加，但仍需要一种基于证据的评估框架，该框架能够捕获不同情况下应用认知症友好社区的复杂性 （Buckner et al.，2018）。尤其是需要通过量化研究来进一步确定认知症友好行动对以社区为基础、以利益相关者为驱动而产生的成果的影响 （Hebert and Scales，2019）。随着认知症友好计划的发展，必须对其长期可持续性进行实质性评估 （Hewar et al.，2017）。在认知症友好社区中，合作网络提供了无缝支持的条件，但这些网络尚未得到完全识别和评估 （Crampton and Eley，2013），对于研究者而言，必须通过评估不同社区中支持认知症患者的有效网络，从而在地方和国家层面提出公共政策建议 （Kane and Cutler，2015）。

最后，提高发展中国家的研究比重。从互联网公开文献及案例的来源来看，目前关于认知症友好社区的研究和实践主要集中在发达国家，发展中国家的成果相对较少。然而，发展中国家实际上面临更大的认知症压力。国际阿尔茨海默病协会在 《世界阿尔茨海默病 2015 年报告》 中指出，世界上增加的大部分认知症患者属于发展中国家。2015 年，有 58% 的认知症患者生活在中低收入国家。但到 2050 年，这一比例将上升至 68%。从世界范围来看，老年人口增长最快的国家是中国、印度及其南亚和西太平洋邻国（Alzheimer's Disease International, 2015a）。认知症友好社区具有一定的文化情境性，不存在通用的认知症友好社区建设模式和评估框架，因此发展中国家需要进一步加以重视，推动基础研究。

五　结语：加强认知症友好社区的本土化研究

认知症友好社区的出现，显示出认知症不仅是健康议题，也是社会议题。作为非医学研究方法，认知症友好社区不仅增进了人们对认知症的了解，还拓展了人们看待认知症的视野。相关研究成果的时间和地域分布情况表明，国外的认知症友好社区研究目前已经进入了一个相对稳定的阶段。需要指出的是，本文搜集和分析的文献主要是英文文献，可能忽略了其他语种的研究成果。认知症友好社区研究的生命力主要来源于其天然的情境性。即便是同一个城镇中的不同社区，也有可能因为资源禀赋和人口结构等因素的差异而产生不同的认知症友好社区形态。对于研究者而言，需要通过理论与实践相结合的方式，因地制宜地提出在不同地区创建认知症友好社区的模型与方法。对于政府而言，需要通过政策推动与意识培育相结合的路径普及认知症友好社区。

一个认知症友好社区的建成，其意义并不局限于认知症患者本身，更是一个社区资源能力、价值观念、治理水平和合作意识的综合体现。从建设过程来看，认知症友好社区涵盖了意识培育、资源整合、社区动员、多元参与等社区治理的关键环节。因此，在中国创新社会治理的背景下讨论认知症友好社区具有十分重要的意义。中国有着不同于西方发达国家的社会文化背景和治理特征。可以预见，中国的认知症友好社区也将明显有别于西方的模式。认知症友好概念在 2016 年才开始在中国落地应用，目前尚处于起步阶段，相关研究和实践都相对匮乏。作为世界上人口最多的国家，同时也是老龄化发展速度最快的国家之一，中国在未来将面临空前的认知症压力。在此背景下，中国的学界和实务界需要加强基于本国国情的认知症友好社区研究，推动国家和地方政府形成科学的本土化方案，以提升认知症患者及其家庭的生活质量，缓解未来老龄化社会的压力。

参考文献

Alzheimer's Australia. 2014. *Creating Dementia-friendly Communities*: *Community Toolkit*.

Alzheimer's Disease International. 2013. *Policy Brief for Heads of Government*: *The Global Impact of Dementia* 2013 – 2050.

Alzheimer's Disease International. 2016. *Dementia Friendly Communities*: *Key Principles*.

Alzheimer's Disease International. 2015a. *World Alzheimer Report* 2015.

Alzheimer's Disease International. 2015b. *Dementia Friendly Communities* (*DFCs*): *New Domains and Global Examples*.

Alzheimer Europe. 2015. *Dementia in Europe Yearbook* 2015: *Is Europe Becoming More Dementia Friendly?*

Alzheimer's Society. 2013. *Building Dementia Friendly Communities*: *A Priority for Everyone*.

Alzheimer's Society. 2020. *What Is a Dementia-friendly Community?* https://www. alzheimers. org. uk/get-involved/dementia-friendly-communities.

Alzheimer's Society. 2021. *What Is a Dementia-friendly Community?*

Bartlett, R. 2016. "Scanning the Conceptual Horizons of Citizenship. " *Dementia the International Journal of Social Research and Practice* 15 (3): 453 – 461.

Buckner, S. , Darlington, N. , Woodward, M. , Buswell, M. , Mathie, E. , Arthur, A. , Lafortune, L. , and Killett, A. 2019. "Dementia Friendly Communities in England: A Scoping Study. " *International Journal of Geriatric Psychiatry* 34 (8): 1235 – 1243.

Buckner, S. , Mattocks, C. , Rimmer, M. , and Lafortune, L. 2018. "An Evaluation Tool for Age-friendly and Dementia Friendly Communities. " *Working with Older People* 22 (1): 48 – 58.

Clark, A. , Campbell, S. , Keady, J. , Kullberg, A. , Manji, K. , Rummery, K. , and Ward, R. 2020. "Neighbourhoods as Relational Places for People Living with Dementia. " *Social Science & Medicine* 252: 27 – 29.

Clark, K. 2011. *Laying the Foundation for an Age-friendly Philadelphia*: *A Progress Report*. Philadelphia: Philadelphia Corporation for Aging.

Cooper, R. , Burton, E. , and Cooper, C. 2014. *Wellbeing*: *A Complete Reference Guide*, *Wellbeing and the Environment*. England: Wiley-Blackwell.

Crampton, J. and Eley, R. 2013. "Dementia-friendly Communities: What the Project 'Creating a Dementia-friendly York' Can Tell Us. " *Working with Older People* 17 (2): 49 – 57.

Crisis Prevention Institute. 2020. *Dementia Capable Care*: *Behaviors*. https://www. crisisprevention. com/en-GB/What-We-Do/Dementia-Capable-Care-Behaviours/Course-Topics.

Dai, J. and Moffatt, K. 2020. *Making Space for Social Sharing: Insights from a Community-based Social Group for People with Dementia.* Hawaii: CHI 2020.

Davis, S., Byers, S., Nay, R., and Koch, S. 2009. "Guiding Design of Dementia Friendly Environments in Residential Care Settings: Considering the Living Experiences." *Dementia* 8 (2): 185 – 186.

Dean, J., Silversides, K., Crampton, J., and Wrigley, J. 2015. *Evaluation of the Bradford Dementia-friendly Communities Programme.*

Dementia Friendly America. 2020. *Dementia Friendly Communities.* https://www.dfamerica.org/communities-overview.

Downs, M. 2013. "Putting People-and Compassion-first: The United Kingdom's Approach to Person-centered Care for Individuals with Dementia." *Generations* 37 (3): 53 – 59.

Ebert, R. A., Kulibert, D., and McFadden, S. H. 2019. "Effects of Dementia Knowledge and Dementia Fear on Comfort with People Having Dementia: Implications for Dementia-friendly Communities." *Dementia* 19 (8): 2542 – 2554.

European Foundations' Initiative on Dementia. 2016. *Mapping Dementia Friendly Communities Across Europe.*

Gove, D., Diaz-Ponce, A., Georges, J., Moniz-Cook, E., Mountain, G., Chattat, R., and Øksnebjerg, L. 2018. "The European Working Group of People with Dementia, Alzheimer Europe's Position on Involving People with Dementia in Research Through PPI (Patient and Public Involvement)." *Aging & Mental Health* 22 (6): 723 – 729.

Handley, M., Bunn, F., and Goodman, C. 2015. "Interventions that Support the Creation of Dementia Friendly Environments in Health Care: Protocol for a Realist Review." *Systematic Reviews* 4 (1): 180 – 188.

Harris, P. B. and Caporella, C. A. 2019. "Making a University Community More Dementia Friendly Through Participation in an Intergenerational Choir." *Dementia* 18 (3): 2556 – 2575.

Hawkes, S. and Buse, K. 2016. "Searching for the Right to Health in the Sustainable Development Agenda Comment on 'Rights Language in the Sustainable Development Agenda: Has Right to Health Discourse and Norms Shaped Health Goals?'" *International Journal of Health Policy and Management* 5 (5): 337 – 339.

Hayashi, M. 2017. "The Dementia Friends Initiative-supporting People with Dementia and Their Carers: Reflections from Japan." *International Journal of Care and Caring* 1 (2): 281 – 287.

Hebert, C. A. 2017. *An Exploration of Dementia Friendly Communities from the Perspective of Persons Living with Dementia.* Tennessee: Electronic Theses and Dissertations.

Hebert, C. A. and Scales, K. 2019. "Dementia Friendly Initiatives: A State of the Science Review." *Dementia* 18 (5): 1858 – 1895.

Henwood, C. and Downs, M. 2015. "Dementia-friendly Communities." In Murna Downs and

Barbara Bowers, *Excellence in Dementia Care: Research into Practice* (2nd ed.). New York: McGraw-Hill.

Hewar, M., Innes, A., Cutle, C., and Hambidge, S. 2017. "Dementia Friendly Communities: Challenges and Strategies for Achieving Stakeholder Involvement." *Health & Social Care in the Community* 25 (3): 858 – 867.

Innes, A., Kelly, F., and McCabe, L. 2012. *Key Issues in Evolving Dementia Care: International Theory-based Policy and Practice.* London: Jessica Kingsley Publishers.

Innovations in Dementia. 2011. *Dementia Capable Communities: The Views of People with Dementia and Their Spouses.*

Innovations in Dementia. 2012. "The Alzheimer Society of Ireland." Report on *Creating Dementia Friendly Communities.*

Jenkins, C. and Smythe, A. 2013. "Reflections on a Visit to a Dementia Care Village." *Nursing Older People* 25 (6): 14 – 19.

Kane, R. A. and Cutler, L. J. 2015. "Re-imagining Long-term Services and Supports: Towards Livable Environments, Service Capacity, and Enhanced Community Integration, Choice, and Quality of Life for Seniors." *Gerontologist* 55 (2): 286 – 295.

Kenigsberg, P. A., Aquino, J. P., Bérard, A., Gzil, F., Andrieu, S., Banerjee, S., Bremond, F., Buée, L., Mansfield, C. J., Mangialasche, F., Platel, H., Salmon, E., and Robert, P. 2015. "Dementia Beyond 2025: Knowledge and Uncertainties." *Dementia* 15 (1): 6 – 21.

Kitwood, T. 1997. *Dementia Reconsidered: The Person Comes First (Rethinking Ageing Series).* Buckingham: Open University Press.

Lord, K., Beresford-Dent, J., Rapaport, P., Burton, A., Leverton, M., Walters, K., Lang, I., Downs, M., Manthorpe, J., Boex, S., Jackson, J., Ogden, M., and Cooper, C. 2020. "Developing the New Interventions for Independence in Dementia Study (NIDUS) Theoretical Model for Supporting People to Live Well with Dementia at Home for Longer: A Systematic Review of Theoretical Models and Randomised Controlled Trial Evidence." *Social Psychiatry and Psychiatric Epidemiology* 55: 1 – 14.

Maki, Y. and Endo, H. 2018. "The Contribution of Occupational Therapy to Building a Dementia-positive Community." *British Journal of Occupational Therapy* 81 (10): 566 – 570.

Maki, Y., Takao, M., Hattori, H., and Suzuki, T. 2020. "Promoting Dementia-friendly Communities to Improve the Well-being of Individuals with and without Dementia." *Geriatrics & Gerontology International Early View* 20 (6): 511 – 519.

Murayama, H., Ura, C., Miyamae, F., Sakuma, N., SugiyamaM., Inagaki, H., Okamura, T., and Awata, S. 2019. "Ecological Relationship Between Social Capital and Cognitive Decline in Japan: A Preliminary Study for Dementia-friendly Communities." *Geriatrics &*

Gerontology International 19 （9）：950 – 955.

Neville, S., Adams, J., Napier, S., Shannon, K., and Jackson, D. 2018. "Engaging in My Rural Community: Perceptions of People Aged 85 Years and Over." *International Journal of Qualitative Studies on Health and Wellbeing* 13 （1）：1 – 7.

Okamura, T., Sugiyama, M., Inagaki, H., Murayama, H., Ura, C., Miyamae, F., Edahiro, A., Motokawa, K., and Awata, S. 2019. "Anticipatory Anxiety About Future Dementia-related Care Needs: Towards a Dementia-friendly Community." *Psychogeriatrics : The Official Journal of the Japanese Psychogeriatric Society* 19 （6）：539 – 546.

Parker, M., Barlow, S., Hoe, J., and Aitken, L. 2020. "Persistent Barriers and Facilitators to Seeking Help for a Dementia Diagnosis: A Systematic Review of 30 Years of the Perspectives of Carers and People with Dementia." *International Psychogeriatrics*, Published online by Cambridge University Press.

Phillipson, L., Hall, D., and Cridland, E. 2016. *Dementia-friendly Kiama Pilot Project Final Evaluation Report.* Wollongong: University of Wollongong.

Phillipson, L., Hall, D., Cridland, E., Fleming, R., Horley, B. C., Guggisberg, N., Frost, D., and Hasan, H. 2019. "Involvement of People with Dementia in Raising Awareness and Changing Attitudes in a Dementia Friendly Community Pilot Project," *Dementia* 18 （7 – 8）：2679 – 2694.

Prince, M., Knapp, M., Guerchet, M., McCrone, P., Prina, M., Comas-Herrera, A., Wittenberg, R., Adelaja, B., Hu, B., King, D., Rehill, A., and Salimkumar, D. 2014. *Dementia UK: Update.* London: Alzheimer's Society.

Prior, P. 2012. *Knowing the Foundations of Dementia Friendly Communities for the North East.*

Rahman, S. and Swaffer, K. 2018. "Assets-based Approaches and Dementia-friendly Communities." *Dementia* 17 （2）：135 – 136.

Rapaport, P., Burton, A., Leverton, M., Herat-Gunaratne, R., Beresford-Dent, J., Lord, K., Downs, M., Boex, S., Horsley, R., Giebel, C., and Cooper, C. 2020. " 'I Just Keep Thinking That I Don't Want to Rely on People.' A Qualitative Study of How People Living with Dementia Achieve and Maintain Independence at Home: Stakeholder Perspectives." *BMC Geriatrics* 20 （1）：1 – 11.

Rothe, V., Kreutzner, G., and Gronemeyer, R. 2017. *Staying in Life: Paving the Way to Dementia-Friendly Communities.* Bielefeld: Transcript Verlag.

Shannon, K., Bail, K., and Neville, S. 2018. "Dementia-friendly Community Initiatives: An Integrative Review." *Journal of Clinical Nursing* 28 （11 – 12）：2035 – 2045.

Shih-Yin, L. and Marcus, F. L. 2015. "Dementia Friendly, Dementia Capable, and Dementia Positive: Concepts to Prepare for the Future." *Gerontologist* 55 （2）：237 – 244.

Smith, K., Gee, S., Sharrock, T., and Croucher, M. 2016. "Developing a Dementia-friendly

Christchurch: Perspectives of People with Dementia. ” *Australasian Journal on Ageing* 35 (2): 188 – 192.

Swaffer, K. 2014. “Dementia: Stigma, Language, and Dementia-friendly. ” *Dementia* 13 (6): 709 – 716.

Thompson, K. 2020. *Weaving Connections: A Case Study Examining the Experiences of a Community-initiated Social Leisure Program for Individuals with Dementia and Their Care Partners.* Ontario: UWSpace.

Tilly, J. , Wiener, J. , and Gould, E. 2014. *Dementia-capable States and Communities: The Basics.* Administration for Community Living.

Turner, N. and Cannon, S. 2018. “Aligning Age-friendly and Dementia Friendly Communities in the UK. ” *Working with Older People* 22 (1): 9 – 19.

Turner, N. and Morken, L. 2016. *Better Together: A Comparative Analysis of Age-friendly and Dementia Friendly Communities.*

Weiss, J. 2016. “Response the Commentary: Aging in Community. ” *Research in Gerontological Nursing* 9 (1): 14 – 15.

Wiersma, C. E. and Denton, A. 2016. “From Social Network to Safety Net: Dementia-friendly Communities in Rural Northern Ontario. ” *Dementia* 15 (1): 51 – 68.

World Health Organization. 2017. *Global Action Plan on the Public Health Response to Dementia 2017 – 2025.*

Wu, S. M. , Huang, Hsiu-Li, Chiu, Yi-Chen, Tang, Li-Yu, Yang, Pei-Shan, Hsu, Jung-Lung, Liu, Chien-Liang, Wang, Woan-Shyuan, and Shyu, Yea-Ing L. 2019. “Dementia-friendly Community Indicators from the Perspectives of People Living with Dementia and Dementia-family Caregivers. ” *Journal of Advanced Nursing* 75 (2): 2878 – 2889.

都市社会工作研究　第 9 辑

第 133～150 页

© SSAP，2021

"我们的生活"：影像中的留守儿童生命体验

刘　影　张小山　黄凝伟[*]

摘　要　留守儿童是我国当前社会发展进程中的一个备受关注却鲜有机会自己发声的群体。与现有研究多从他者与问题视角出发不同，本研究采用集摄影、个案访谈及座谈于一体的影像发声法，招募了 40 名自愿参与的 11～14 岁留守儿童，并基于他们拍摄的 70 幅围绕生存境况的照片做了自我解读。研究发现：留守儿童期待家人的有效陪伴，但又普遍接受了父母外出、亲子分离的客观事实；他们无法获得来自老师的持久关爱，主要从司辈群体中寻找安全感与归属感；他们看似沉迷手机游戏的行为实为寻找个体价值感的方式，是同辈交往的线上延续，也是社区公共空间缺失的结果；遵循父辈外出打工的生活方式成为大部分留守儿童所能想象的发展路径，但亦有学业表现优秀的留守儿童看到通过持续学习改变阶层再生产的可能。研究围绕实践启示与方法运用两方面做了进一步的讨论。

关键词　留守儿童　陪伴　游戏娱乐　发展预期　影像发声

[*]　刘影，博士，南京农业大学人文与社会发展学院社会学系讲师，研究方向为社区治理、青少年社会工作；张小山，博士，华中科技大学社会学院社会学系副教授，研究方向为社会学理论与研究方法；黄凝伟，硕士，爱德基金会社工，研究方向为农村教育、青少年社会工作。

一 问题的提出

自 20 世纪 80 年代开始，随着国家现代化和城市化进程的深入推进，中国农村剩余劳动力大规模向城市转移。然而受制度阻隔与经济能力的限制，很多务工人员只能将其未成年子女留在农村，形成了农民工父母与子女分隔两地的局面，由此，留守儿童群体产生。留守儿童指的是农村地区因父母双方或单方长期在外打工而交由父母单方或长辈、他人来抚养、教育和管理的儿童。根据民政部的报告，2018 年全国农村留守儿童有 697 万余人，其中，6～13 岁年龄段的规模最大，96% 的农村留守儿童由祖父母或外祖父母照顾（民政部，2018）。

留守儿童研究大致从 2004 年开始，先后经历了"问题化—问题化解构—再问题化"的过程（许怀雪、秦玉友，2020）。除了对留守儿童的规模、结构、地域分布等基本情况（段成荣、周福林，2005）进行描述外，早期研究普遍认为农村留守儿童存在家庭教育缺失、心理问题严重、道德品质不良、人身安全存在隐患（龚保华，2008；辜胜阻、易善策、李华，2011）等突出问题，认为该群体的社会化呈现一种"反埃里克森定律"（唐有财、符平，2011）的现象。有研究指出，留守儿童有心理问题的比例明显高于非留守儿童（赵峰，2010），孤独感（任玉嘉、李梦龙、孙华，2020）、抑郁情绪（范志宇、吴岩，2020）强于非留守儿童，安全感（黄月胜、郑希付、万晓红，2010）、情绪适应（范兴华，2011）的表现不如一般农村儿童。随着研究主题的细化，越来越多的研究开始关注留守儿童内部的差异性与多样化特征，更多与问题视角下不一致的结论呈现出来。有研究发现，留守儿童与非留守儿童在身体健康（赵如婧、周皓，2018）、职业期望（赵景欣、刘霞，2010）、社会支持与孤独感（刘宗发，2013）、文化期望与个性品质和反社会行为水平（肖富群，2007）等维度上均没有显著差异，留守儿童在道德规范上整体水平较高，有较高水平的学习成就和较好的人际关系，整体受邻居欢迎程度较高（凡勇昆等，2020），甚至有研究指出，相较于非留守儿童，留守儿童对社会关系表现得更为理性和准确，更不害怕被拒绝，有更强的心理承受能力（徐慧、汪斯妤，2020）。总体来看，围绕留守儿童生存状态这一问题的研究结论存在不一致性。一方面，大量研究论证得出，父母离开的客观事实对留守儿童的身心发展、人格形成产生消极影响，群体面临诸多风险与诱因；另一方面，亦有研究看到了个体对抗困境的能动性与适应能力，并证实留守儿童顺利适应且成功应对的可能性，留守儿童并不等同于问题儿童（万明钢、毛瑞，2010）。

应当说，已有研究对于留守儿童的基本状况与可能的风险都做了很有启发意义的解读，但仍有两个值得深究的问题：第一，目前大部分研究偏客体化，关于留守儿童种种"问题"的判断被研究者化约为数字表达，留守儿童的主体想法、愿景感知却鲜有机会表达出来，这启示我们需要摒弃"他者的眼光"，挖掘这个群体日常生活的内在逻辑（钱洁，2012）；第二，从 2004 年留守儿童群体被社会各界关注以来，农村社会结构、生活环境、社区文化等发生了巨大变化，人口空心化、打工文化盛行、寄宿制学校推行、智能手机普遍运用等背景不可避免地对留守儿童群体的生存状态产生了影响，该群体在现有的处境下如何理解与应对，这些都是新的值得继续追踪探讨的问题。

鉴于此，本研究讨论的核心问题是：从主体视角出发，留守儿童的日常行动与意义系统到底如何？为了回答以上问题，研究团队于 2020 年 12 月至 2021 年 3 月在广西百色地区开展了"我们的生活——留守儿童生存境况的影像发声"研究课题，主要运用影像发声法（photovoice）[1] 在留守儿童聚集的学校招募自愿参与的对象，让他们拿起手中的相机，拍摄下他们认为重要的生活场景，并通过焦点座谈与半结构式访谈的方式对这些照片做进一步解读，期望通过以上方式对理解新时代留守儿童群体及相关的实践工作有所启发与促进。

二　研究方法

（一）研究设计

本研究采用质性研究方法——影像发声法来获取资料。这一综合了摄

---

[1] 影像发声法，作为参与式行动研究（participatory action research）的方法，指的是让参与者（通常是那些没有钱、地位或权力的人）通过照片和小组讨论来记录和反映他们（或社区）的力量与关注的问题。该方法起步于公共卫生领域，国内运用该方法的研究成果相对有限，比较典型的有朱眉华团队以外来务工家庭的母亲形象项目为例，细致生动地研究了流动家庭母亲的生存状况与面临的挑战（朱眉华等，2013），景军等学者运用影像发声法对流动青年的健康问题进行了深入研究（景军、张玉萍，2015；May et al.，2017）。

影、焦点座谈与深度访谈等形式的参与式研究方法最早由 Wang 和 Burris (1997) 提出。参与者可以自由拍摄、记录和呈现特定主题的生活经验，并在讨论和分享中书写和发展出不同主体的独特经历、生命故事和文化知识，以此推动关于个人、群体、社区乃至社会性议题的讨论，使社会工作服务的受助者成为促进改变的参与者、倡导者和影响人……这一方法正在成为社会工作服务探索的新方法（刘斌志、王李源，2019）。本研究中，留守儿童被鼓励围绕 "我是谁" "我的家" "我的老师" "我的小伙伴" "我的休闲娱乐" "我们村" "我的未来" 等主题拍摄生活场景，通过对图片的分享与讨论，参与者通过可视化的图片来展现他们的生活经验与认知。

（二） 参与者及招募

整个研究在广西壮族自治区的百色市 D 县 K 镇中心小学与 K 镇初级中学进行。① 这两所学校均为寄宿制学校，共有 1976 人，其中留守儿童约占 80%②。为避免标签化，同时考虑到认知水平、拍摄能力及学业负担等因素，研究项目面向四年级至初一四个年级的所有学生进行招募，收集到来自 42 名学生的 73 幅照片。剔除其中 2 名非留守儿童的 3 幅作品，最终共有 40 名留守儿童③拍摄的 70 幅照片成为我们的分析基础。在这 40 名学生中，11 岁的有 3 人，12 岁的有 8 人，13 岁的有 19 人，14 岁的有 10 人；男生有 13 人，女生有 27 人；21 名学生处于父母均外出的双留守状态，19 名学生为父亲或母亲一人外出的单留守情况。

（三） 研究程序

研究项目自 2020 年 12 月至 2021 年 3 月，历时四个月，主要分五个阶段进行。第一阶段为确定主题与目标，第二阶段为参与者招募与培训；第三阶段为拍摄与解惑的循环；第四阶段为影像解读；第五阶段为鼓励与发声。

第一阶段，确定主题与目标。本文的作者之一自 2019 年 7 月至 2020 年 8 月志愿服务于 K 镇中心小学，除担任代课老师外，还以社工的角色在该校

---

① 按照学术惯例，对地名及人名做了匿名化处理。
② 鉴于 "留守" 是变动状态而非固定持久常态这一事实，当地学校无法提供留守儿童的准确比例，只能给出大致的估计数据，即约 80% 的学生为留守儿童。
③ 对留守儿童的界定标准参照教育部的定义：义务教育阶段的学龄儿童，农村户籍，父母至少一方外出，外出时间连续 3 个月以上。

开展了一系列专业服务，如组织留守儿童抗逆力提升小组活动、链接图书资源拓展学生课外阅读、设立"解忧信箱"并辅以一对一的个案服务等。在与学生的大量直接交往中，社工发现了留守儿童群体存在的共性特征以及他们所具备的优势与潜能。而这些问题部分已被学界深入探讨，但亦有部分没有被揭示出来。特别的是，站在留守儿童的立场，他们的心声没有得到充分重视。课题组经过讨论，结合前期的访谈资料，最终商议决定从"我们的生活"这一通俗易懂的主题切入，通过影像发声法挖掘留守儿童自身的力量，并从他们面临的困境与烦恼中找到未来社会工作介入的重点与方向。

确定了主题后，研究组进一步设定了项目的目标。"我们的生活"项目目标具体包括：（1）协助留守儿童通过影像的方式记录他们的生活场景；（2）通过一对一的访谈及焦点座谈了解照片背后的故事，特别是他们面临的挑战以及对未来生活的期许；（3）通过项目成果展示，引起相关主体，如教师、家长、社工对该群体的关注，并为后续社会工作专业服务提供指导方向。

第二阶段，2021 年 1 月，参与者招募与培训。首先，社工以线上和线下两种方式招贴公告，招募自愿参与者。在随后的第一次培训会上，约 40 名学生参加。培训会上社工介绍了项目的基本情况，包括需要做什么、怎么做、有哪些注意事项等。特别地，社工详细说明了拍摄中需要注意的伦理，如未经他人允许不能直接拍摄；不要拍对他人造成伤害的场景；等等。在社工向与会者介绍完项目情况后，所有学生以举手的方式表示了知情同意。

围绕拍摄设备的问题，在确认了所有参与儿童都有手机，并且手机都具备拍摄功能后，社工又围绕拍摄技巧做了培训，如光源的选择、整体拍摄与局部特写的区别等。此外，除了以个人为单位递交作品外，社工也表达了欢迎大家组队合作的意愿。

第三阶段，2021 年 1 月至 2 月，拍摄与解惑的循环。在上一阶段，为了给予儿童更大的发挥空间，社工仅大致介绍了拍摄主题为"我们的生活"，但对于拍什么、哪些更好、哪些与主题不契合等要求并没有做明确的说明。任务布置后，除个别学生很快递交上作品外，更多的参与者向社工表示了疑惑与不确定，如"老师，我不知道拍什么？""老师，没什么好拍的呀！""老师，这个可以吗？""老师，我能拍我们家后面的菜地吗？"为了让参与者有更加明确的拍摄方向，除个别答疑外，课题组再次召开了培训会，并给出了相对具体的方向，如"我是谁""我的家""我的老师""我的小伙伴""我的休闲娱乐""我们村""我的未来"及其他。

第四阶段，影像解读。通过焦点座谈与深度访谈的方式邀请项目参与者对所拍摄的影像进行解读，考虑到隐私及方便的原则，课题组将所有参与者分成了四、五年级，六年级，初一三个子群体。其中，四、五年级与六年级以座谈会为主、访谈为辅的方式解读照片，初一学生的照片分享采用一对一的半结构式访谈的方式。在座谈与访谈中，社工主要基于SHOWED 方法①并做了局部调整，围绕以下问题组织讨论：这张照片里的人或物是谁或者是什么？他们正在做什么？你为什么拍了这张照片？面对照片里的内容，你想说什么？拍这张照片时你的心情是怎样的？如果照片内容反映的是一个"问题"，你希望怎样解决这个问题？通过这些问题的讨论，照片背后的含义被进一步揭示出来，参与者由图片信息过渡到他们对日常留守生活的感受、理解与期待等。

第五阶段，鼓励与发声。为了对所有参与者表示感谢，鼓励大家并呼吁相关主体对留守儿童群体给予关注，课题组在项目尾声又开展了三项活动。首先，社工邀请学校学生以线上形式对所有参赛作品进行投票，最终评选出十大优秀作品；其次，社工邀请所有参与者及他们的朋友参加了最后一次座谈会，座谈会上社工给相关获奖者发放了奖品，并感谢所有人的参与付出；最后，社工遴选出部分作品配以图片说明制成照片墙贴于学校公共位置，吸引更多老师与家长的关注。

本文的分析资料包括参与者拍摄的照片及焦点座谈与访谈中的话语。在参与者同意的情况下，访谈和讨论被录音或录像并逐字转录。

三 主要发现

参与者拍摄的照片基本反映了他们对其生存境况的关注与困惑，但有

---

① SHOWED 方法主要围绕以下问题展开：What do you see here?（你在这里看到了什么?）What is really happening here?（这里发生了什么事?）How does this relate to our lives?（它与我们的生活如何关联?）Why does this concern, situation, strength exist?（为什么会存在这种担忧、状况或力量?）How can we become empowered through our new understanding?（我们如何通过新的理解而变得更有能力?）What can we do?（我们能为此做什么?）考虑到留守儿童的认知水平，研究团队在与参与者讨论或访谈的过程中，借鉴以上问题的思路但做了局部调整，调整后的问题更有利于儿童的理解与回答。

一些照片所要表达的"真实信息"经过座谈与访谈才得以挖掘，如个别儿童通过拍摄风景叙述对同辈友谊的回忆与期盼。最终，我们将留守儿童对其生存境况的解读与期待概括为五个方面，分别是："家人：对陪伴的渴望与对生活的理解"；"老师：现实的窘迫与功能补偿的不可行"；"同辈群体：图片显示出来的正向力量"；"休闲娱乐：游戏背后的寓意与有限的社区公共空间"；"发展预期：家乡好但仍要走出去"。

1. 家人：对陪伴的渴望与对生活的理解

早期研究强调，亲情缺失是留守儿童的核心问题，亲情缺失会导致留守儿童生活满足感降低，学习动力不足，情感交流受阻，进而诱发青少年犯罪（李娜、张林雨，2007）。但后来的研究发现，父母外出类型对留守儿童的影响具有差异性。其中，双亲外出打工的留守儿童孤独感体验最强（孙晓军等，2010），母亲外出打工对留守儿童学习成绩产生显著的负效应（郑磊、吴映雄，2014）。也就是说，不同留守状态的家庭结构对留守儿童的影响可能存在差异，其中，母亲是否在场的事实会更为显著地影响留守儿童的生命质量。

在留守儿童分享的有限的关于家庭的照片中我们发现，这些照片多与母亲，特别是鼓励型母亲角色的表现有关。五年级的达顺同学拍摄的是一只电话手表（见图1），"这是考试成绩好时妈妈送给我的表。（研究者：爸爸有没有送过礼物给你呢？）只会暴打"。四年级的巧萌同学选择了一张布偶娃娃的照片（见图2），"这是我小时候妈妈买了送给我的，现在她在外面打工，我见不到她，就拍了这个"。虽然外出的父母会通过零用钱、礼物等经济形式作为对陪伴缺失的补偿，但当研究者问起父亲在日常生活中的位置时，部分孩子表现出亲子疏离的态度，有的直接表示"只要爸爸给我零用钱就好，回不回来无所谓"，还有的孩子因为春节临近父亲即将返乡而表现出不开心或焦虑，"多了一个人管"，"长时间不在一起住，不知道怎么相处"。这一状态一方面与儿童对父母的角色分工理解有关，另一方面也是长时间亲子分离导致的结果。与父母是否在场相比，留守儿童更加期待民主的亲子互动方式和轻松友好的家庭环境。

除了与母亲有关的照片外，我们还收到了一些关于"我和我可爱的妹妹"（见图3）、"陪伴我的猫"、"我最重要的狗狗"等的照片。由此可以看出，在打工经济盛行的背景下，留守儿童普遍接受了父母外出、亲子分离的客观事实，但是面对不可避免的孤独感、寂寞感时，他们通常会借助兄弟

图 1 妈妈送给我的表

（拍摄者：达顺）

图 2 妈妈送我的娃娃

（拍摄者：巧萌）

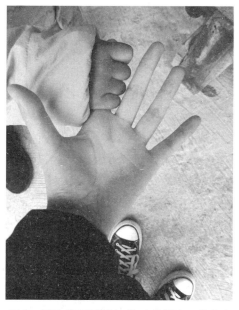

图 3 我和我可爱的妹妹（拍摄者：柳铷）

姐妹以及亲密的动物来替代父母的陪伴。

2. 老师：现实的窘迫与功能补偿的不可行

留守儿童缺乏父母的陪伴，亲子交流有限，情感需求得不到很好的满足，因而有研究指出，教师作为留守儿童在学校生活中的重要他人，其情感支持有助于弥补留守儿童家庭情感需求缺失带来的不利影响（雷万鹏、李贞义，2020）。但是对老师的这种期待是否有条件实现呢？

来自六年级的清香同学分享了她拍摄的英语老师的照片，"这是我最喜欢的老师，因为她陪伴了我们三年。（研究者：这位老师和其他老师有什么区别呢？）她很温柔，对我们温柔"。另一名来自初一的男生提交的是他与驻校社工老师的合影，并分享了他对这位老师喜爱的原因："温柔、善良，晚上熄灯后我们饿得睡不着，他来查寝发现后给我们发吃的，周末又一个人开电动车到家里来教我们写作业。"（府侠同学）儿童对于老师的期待集中于"稳定的陪伴"和"有爱的教育方式"，而这两点恰恰是当前农村基层教师难以达到的要求。

有研究指出，乡村教师需要承担无限的责任，却没有令人满意的待遇和来自组织与他人的有效帮助，工作过程中还会遭遇家长的不理解和推卸责任的行为，学生的看护者甚至保姆的多重角色植入，让乡村教师不堪重负（刘晶，2020）。一项对全国18省35县的调查发现，乡村教师工作总量多，工作时间长，非教育教学任务重，甚至因为整日忙碌于各种各样的表格填写与材料准备而成为"表哥""表姐"，该群体身心疲惫，队伍稳定性受到影响（朱秀红、刘善槐，2020）。在与学校老师的访谈中我们亦发现该群体的种种困境：教学任务繁重，同时承担几门课程教学工作的现象普遍存在；收入较低，职业威望下降；家校互动有限，部分家长将教养责任完全转嫁于老师身上；教学以外的时间被各种行政任务占据，甚至基本家庭生活的时间都无法得到保障。在以上现实的倒逼之下，乡村教师对留守儿童的关爱往往是心有余而力不足，其中，对于教龄较长、职业倦怠感强的教师而言，他们的教育方式更可能走向忽视、粗暴对待的方向。"有的教师对留守儿童不闻不问，放任自流，或在班上造成这些孩子是嫌弃儿的印象。"（范先佐、郭清扬，2015）

因此我们认为，在现有的框架下希望教师发挥父母作用，建立教师"家长代管制"（张春玲，2005）的观点缺乏现实基础。让老师们回归教学本身，提高福利待遇，稳定乡村教师队伍，并从社工等其他途径构建功能补偿队伍更为切实可行。

3. 同辈群体：图片显示出来的正向力量

作为个体社会化的主体之一，同辈群体对留守儿童的影响是双向的：一方面，这些年龄相仿、知识背景与兴趣爱好相似、价值观念与生活方式接近的儿童，更容易通过亲密交流感受来自同伴的喜爱、关心、帮助和支持（陆芳，2019），同辈群体可以发挥情感慰藉、道德示范、学业互助、角色表意平台等功能（肖富群，2009）；另一方面，留守儿童缺乏父母的监管和引导，导致他们在选择同辈群体成员时，失去辨别的方向，容易加入不良群体，致使其在社会化过程中偏离正确的生活目标，从而导致失范行为甚至违法犯罪的发生（陆继霞、叶敬忠，2009）。

从拍摄的照片我们可以初步看出同辈群体在化解留守儿童孤独感、提高生活幸福感方面起到的重要作用。六年级的玉成分享了一张晚霞的风景照，通过进一步访谈我们了解到晚霞背后的友谊含义。"拍晚霞，是因为以前和同学会一起在教学楼看晚霞，我回家了，就我一个人，再次看到这样的晚霞我就会想起朋友，想起和他们一起玩的样子，拍这张照片时是怀念的心情。"她还告诉我们，她所在的女生宿舍最近迷上了看小说，"武侠的，感情类的，都有，有时候看着看着就哭了，大家也会在一起交流"。此外，据驻校社工的观察，恋爱在小学群体中已比较普遍，获得来自他人的持续关心是建立这一关系的主要原因。一名来自五年级的女孩提到了她很喜欢的一本书，对于书中异性相处的内容，她表示"很甜，我希望也有这样的感情"。

总的来看，对于寄宿制学校的儿童来说，同辈群体是他们日常交往的最主要人群之一，高质量的友谊能够给个体带来安全感与归属感，有"雪中送炭"的功能（朱丽娟等，2020）。此外，我们注意到，在一个外出打工普遍化的环境下，留守儿童与非留守儿童的交往没有界限，即留守儿童不会因为自己的家庭状态而遭遇他人的歧视与排斥。当然，需要指出的是，照片可能并不能完全反映出留守儿童与同辈群体交往的全部面貌，照片所呈现的往往是较为积极的一面，据驻校社工的观察，校园欺凌、恋爱中的自残行为等同辈交往中的灰暗面并没有通过照片反映出来。

4. 休闲娱乐：游戏背后的寓意与有限的社区公共空间

在参与者提交的作品中，占最大比例的照片是手机游戏画面。对于寄宿制的孩子来说，他们的娱乐时光集中于周末返家的两天，而在这两天的有限时光里，他们最主要的娱乐方式便是手机游戏这样的个体行为，而无公共活动。

有研究指出，留守儿童因为情感需求得不到满足，加上自控能力差、缺乏父母监管，同时也为了逃避现实消极处境和消解压力，他们就容易沉迷在虚拟的网络游戏世界，以获得网络游戏关注度、地位提升和心理慰藉，久而久之就容易产生游戏成瘾（杨邦林、黄瑾，2020）。但通过深度访谈我们发现，游戏行为的背后至少涉及三个深层次原因。

第一，个体从游戏中寻找自我价值与生活力量。一名分享了"王者荣耀5周年烟花截图"的参与者（六年级的艳香同学）这样解释道："我在里面是英雄的角色，可以打小兵。"和这名分享者一样，初一的德政同学告诉我们："如果游戏赢了，就会有很多人说'哇，你好厉害的样子'，心情美美的。"五年级的爱美同学提及为何选择"上官婉儿"作为游戏中的角色时这样解释道："我觉得她的台词比较坚定，比如'弱小的女孩不会永远弱小，她会因书法和笔墨而成长为强大的女性'……出现让人灰心的事时我就想到了这句台词，仿佛能获得一些力量。"

第二，游戏的过程也是结伴玩耍的过程。不止一名参与者提到与好朋友组队打游戏的重要性。"一般游戏组队都是和同学一起，一起玩才快乐。（研究者：如果把打游戏和与朋友一起玩耍相比较，哪个更快乐呢？）当然还是和朋友一起玩啦。"（六年级的艳香同学）"一个人玩会很无聊，要组队跟朋友一起玩才好玩。"（雨佳同学）由此可看出，电子游戏实质是同辈群体友谊的线上延续。

第三，儿童沉迷于游戏还与村里公共空间的缺乏有关。座谈会上，"无聊"是参会者提到的高频词。社区里没有可供儿童游戏娱乐的平台，只有一名参与者提到了她所居住的村里有一个露天游泳池（见图4），"夏天天热的时候可以游泳。（研究者：水干净吗？）不干净，有虫，但我喜欢它"（四年级的杏璇同学）。据观察，各个村的文化活动室基本处于废弃或闲置状态，从他处获赠的乒乓球桌也因被村民挪作晾晒之用而破旧不堪。一名来自四年级的儿童拍摄了一块空地，问及原因，这名参与者解释道："那是之前社工老师带我们写'福'字的地方。"（玉娜同学）社工在村里开展"写福字，迎春节""垃圾分类我能行"等小组活动成为当地儿童享受到的有限的集体娱乐时光。

图 4　村里的游泳池，夏天可以游泳，虽然水不干净，

但我喜欢它（拍摄者：杏璇）

5. 发展预期：家乡好但仍要走出去

除了对现有生活的理解外，我们还着重了解了留守儿童对未来的期许。通过照片及解读我们发现，该群体对所在的社区持有矛盾的认同，对于个体今后的发展呈现两个不同的规划方向。

许多参与者拍摄了风景照，并普遍流露出对家乡"山清水秀，风景好"的认同，但也有儿童持农村"落后"的评价，"与城市相比，农村思想比较落后，感觉跟不上现代社会。比如一个活动，城里人把这场活动布置得比较完美，农村人只想到一半而已"（初一的慧青同学）。现代化和城市化的过程中，乡村社会处于劣势与被动地位，乡村文化中的城市取向造成儿童社会认同的迷失，乡村儿童产生文化上的不自信，通常将乡村文化与"贫穷""愚昧""落后"相联系（江立华，2011）。在这样矛盾的认同下，几乎所有的孩子都提到了今后会离开家乡进入城市的想法，但如何进入城市，进入城市后做什么，又分成了两条不同的路径。

一方面，父母的职业榜样在留守儿童中作用突出（邓纯考、何晓雷，2013），"打工文化"成为当下农村社会的新兴价值规范与社会心理范式，农村儿童心中已经意识到成年后成为"务工者"的路径选择（潘璐，2020）。在本研究中，谈及未来的职业规划，大部分参与者倾向于以父母为参照，持较低预期的流动取向，初中毕业后直接前往广东等经济较发达地区打工。在通过教育向上流动通道缩窄的情况下，留守儿童以拒绝知识的形式放弃了学业，做出及早打工的决定，这是看似不合理的合理处置。

另一方面，务工者并非留守儿童职业路径的全部，仍有小部分儿童，特别是那些成绩较突出的孩子，更可能看到通过持续学习改变阶层再生产的机会。一个拍了村里一栋三层住宅照片（见图5）的孩子分享道："这是我们村的一栋房子，一栋最豪华的房子，我希望自己将来也可以有能力、有机会拥有这样一套房子。（研究者：那你认为自己要做什么将来才有机会拥有这样的房子呢？）努力学习。"（六年级的美琪同学）另一名来自五年级的参与者拍摄了南宁师范大学的校园夜景（见图6），她补充道："这是南宁师范大学，姐姐开学的时候，我跟她一起去的南宁，我觉得这样的学校风景很好，这样的楼还有那些环境，我都很喜欢，希望将来我也能够读这样的学校。"（焕美同学）可以看出，对于留守儿童而言，如果有好的经验或

图5　我努力学习，将来也有机会拥有这样的房子（拍摄者：美琦）

值得效仿的榜样存在（王爽、刘善槐，2020），他们可能会有更好的学业表现，继而规划出一条与父辈不同的向上流动的道路。

图6 希望将来我也能读这样的大学（拍摄者：焕美）

四 结论与讨论

既有围绕留守儿童的研究多从问题视角出发，归纳讨论该群体的种种不足或面临的挑战。不可否认，留守儿童因为家庭结构的变化而被置于有一定风险的环境中，但留守儿童对待自己的生活并不总是痛苦的记忆和消极的影响（吕绍清，2006）。如果我们抛弃"问题化"的预设而采取更加积极的态度，从主体性与能动性的角度出发，可能对该群体的认识会有进一步的发现。在此思路下，本研究采用影像发声法，借助图片、座谈与访谈的方式深入解读了留守儿童的日常生活经验与意义系统。

研究发现，留守儿童的生活是一个情感缺失与寻找替代的过程，也是结构力量与行动力量相互作用的过程。具体来说，留守儿童期待家人的有效陪伴，特别关注来自母亲的支持，但他们又普遍接受了父母外出、亲子分离的客观事实，兄弟姐妹或动物成为他们情感陪伴的补偿物。在学校里，面对繁重的教学任务、有限的家校互动等挑战，农村基层教师的职业倦怠感强，留守儿童无法获得来自老师的持久关爱。于是，同辈群体成为儿童获得安全感与归属感的主要来源，这种友情不仅体现于校内，也延伸到校外，留守儿童闲暇时光多沉迷于手机游戏的行为便是同辈交往延续的线上表现，是儿童寻找个体价值感的方式之一，也是社区公共空间与活动缺失的结果。个体发展预期方面，遵循父辈打工的生活方式成为大部分留守儿童的个体发展路径，但亦有学业表现优秀的儿童希望通过持续学习改变阶层再生产的困境。

基于以上发现，我们从实践启示与方法运用的角度做进一步的讨论与反思。

作为社会成员，儿童既是个体的，又是社会性关系的存在，各种关系存在都会在儿童成长中投射下印迹（周昆、袁丹，2020）。通过参与者对图片的解读我们发现，关于留守儿童的种种"问题"都与他们所处的环境密切相关，他们应对挑战与风险的方式也是在种种关系处境中寻找突破。因此，加大对留守儿童的支持力度，如老师、同辈、社区或其他群体与机构，才是提高该群体生命质量的有效方法。但是通过本研究我们看到，受主客观等多种条件的限制，教师群体在留守儿童支持体系中的位置是模糊的，同辈群体对留守儿童的作用既可能是正向的，也存在一定的负面倾向，由此，引入社会工作在农村社区开展多样化服务以增进留守儿童的福祉成为本研究的主要实践启示。具体来说，第一，鼓励尝试以政府购买服务或项目制的方式引入稳定的社会工作者队伍进驻农村地区学校或社区，为留守儿童提供持久的专业服务；第二，鉴于留守儿童对母亲角色在场及民主型互动方式的期待，社会工作者需要以家庭为切入口，围绕亲子关系重塑，特别是母亲角色的支持建构开展服务，从而提升留守儿童的主观幸福感；第三，在家庭结构暂时无法改变的背景下，社会工作者还可以围绕学校文化活动与社区公共服务两方面着力，本文作者之一通过链接"绘本双师课""心智素养课程""歌路营睡前故事"等资源极大丰富了寄宿学生的课余生活，通过对部分儿童开展"社区导赏""福字我来写"等活动增强了他们的社区认同感，这些丰富的活动经验值得推广。

本研究的另一个主要贡献是尝试将影像发声法运用于留守儿童群体，这一方法上的拓展既有优势，亦面临挑战。一方面，这种方法对于儿童来说是有趣的，参与感强，参与者与研究者的信任程度较传统研究方法强，因此收集到的资料更能反映儿童心声，从而成为实务设计的重要参考依据；另一方面，该方法的运用也遭遇挑战，主要体现在以下两点。第一，摄影及照片的解读对于老人、女性、青年等群体来说更易操作，而对于年龄较小的孩子，特别是第一次通过拍摄参与研究的儿童来说，是不易的。研究者在第一次培训会上公布了"我们的生活"这一主题，基于陆续收到的参与者的困惑反馈，研究者不得不在随后的培训会上将这一核心主题细化成更加明确的范畴，换言之，整个过程需要研究者在宽泛主题与具体指导之间寻找平衡。第二，儿童倾向于分享内容积极的一面，而有意忽略消极的生活场景，如家庭环境、校园欺凌、感情纠葛等。研究者在参与者的家中与其访谈时间及为何没有拍摄房间布置，孩子们普遍反映家里太过简陋而羞于记录。可见，当影像发声法运用于相对脆弱敏感的群体时，研究团队需要展开更细致的动员解释工作，消除参与者的顾虑，从而展现个体生活的更多面向。

当然，本研究也存在一些局限。影像发声法的最终目标是倡导与改变，参与者的拍摄及作品展出确实吸引了家长及学校老师的关注，让他们对自己的孩子或学生有了不一样的理解，但这种影响如何扩大到社会更大范围人群是研究者在今后研究中需要设计考量的。此外，课题以学校为依托，按照校方的规定，学生不可携带任何相机进入校园，为了不破坏学校的正式制度与教学秩序，课题组遵从了这一规范，仅安排参与者在周末返回家中的时间围绕"我们的生活"进行拍摄创作。因此，校园生活在最终的五大主题呈现中缺席，今后的研究应努力弥补这一缺憾，或许可以在寄宿生活、饮食健康等方面有新的发现。

参考文献

邓纯考、何晓雷，2013，《我国东西部农村留守儿童社会化差异研究——基于浙江与贵州两省四县的比较》，《新疆社会科学》第 1 期。

段成荣等，2013，《我国农村留守儿童生存和发展基本状况——基于第六次人口普查数据的分析》，《人口学刊》第 3 期。

段成荣、杨舸，2008，《我国农村留守儿童状况研究》，《人口研究》第 3 期。

段成荣、周福林，2005，《我国留守儿童状况研究》，《人口研究》第 1 期。

凡勇昆、刘虹、李亚琴、常雪，2020，《基于实地调查的中国留守儿童生存样态研究》，《中国教育学刊》第 3 期。

范先佐、郭清扬，2015，《农村留守儿童教育问题的回顾与反思》，《中国农业大学学报》（社会科学版）第 1 期。

范兴华，2011，《不同监护类型留守儿童与一般儿童情绪适应的比较》，《中国特殊教育》

第 2 期。

范志宇、吴岩，2020，《亲子关系与农村留守儿童孤独感、抑郁：感恩的中介与调节作用》，《心理发展与教育》第 6 期。

龚保华，2008，《社会转型期的农村留守子女问题探析》，《社会科学家》第 5 期。

辜胜阻、易善策、李华，2011，《城镇化进程中农村留守儿童问题及对策》，《教育研究》第 9 期。

侯洋、徐展，2008，《农村留守儿童的孤独感与自卑感》，《中国心理卫生杂志》第 8 期。

景军、张玉萍，2015，《诉求与反省：北京地区流动儿童眼中的健康问题》，《广西民族大学学报》（哲学社会科学版）第 5 期。

黄月胜、郑希付、万晓红，2010，《初中留守儿童的安全感、行为问题及其关系的研究》，《中国特殊教育》第 3 期。

江立华，2011，《乡村文化的衰落与留守儿童的困境》，《江海学刊》第 4 期。

雷万鹏、李贞义，2020，《教师支持对农村留守儿童非认知能力的影响——基于 CEPS 数据的实证分析》，《华中师范大学学报》（人文社会科学版）第 6 期。

李娜、张林雨，2007，《留守儿童的核心问题及其对策研究》，《当代青年研究》第 11 期。

刘斌志、王李源，2019，《影像发声疗法：全媒体时代社会工作赋权实践的新路径》，《华东理工大学学报》（社会科学版）第 5 期。

刘晶，2020，《乡村教师日常生活中的尊严及其结构性困局》，《清华大学教育研究》第 2 期。

刘宗发，2013，《农村小学留守儿童社会支持与孤独感研究》，《教育评论》第 2 期。

陆芳，2019，《农村留守儿童同伴关系与心理安全感关系及教育应对》，《当代青年研究》第 6 期。

陆继霞、叶敬忠，2009，《我国农村地区同辈群体对留守儿童的影响研究》，《农村经济》第 12 期。

吕绍清，2006，《农村儿童：留守生活的挑战——150 个访谈个案分析报告》第 1 期。

民政部，2018，《2018 年农村留守儿童数据》，http://www.mca.gov.cn/article/gk/tjtb/201809/20180900010882.shtml。

潘璐，2020，《留守儿童的社会化过程与新生代农民工的生成》，《中国农业大学学报》（社会科学版）第 4 期。

钱洁，2012，《以何种方式关爱留守儿童——对大众媒介中留守儿童社会支持体系的内容分析》，《上海教育科研》第 5 期。

任玉嘉、李梦龙、孙华，2020，《中国农村留守儿童孤独感的 meta 分析》，《中国心理卫生杂志》第 10 期。

孙晓军等，2010，《农村留守儿童的同伴关系和孤独感研究》，《心理科学》第 2 期。

唐有财、符平，2011，《动态生命历程视角下的留守儿童及其社会化》，《中州学刊》第

4 期。

万明钢、毛瑞，2010，《当前我国"留守儿童"研究存在的若干问题》，《西北师大学报》（社会科学版）第 1 期。

王爽、刘善槐，2020，《农村留守儿童越轨行为风险与防范体系构建》，《教育科学研究》第 9 期。

肖富群，2007，《留守儿童社会化状况的实证研究》，《广西民族大学学报》（哲学社会科学版）第 5 期。

肖富群，2009，《"留守"经历对儿童同伴交往能力的影响》，《广西民族大学学报》（哲学社会科学版）第 1 期。

徐慧、汪斯妤，2020，《留守儿童的公平感与幸福度：来自实地实验与调查的依据》，《南方经济》第 4 期。

许怀雪、秦玉友，2020，《我国农村留守儿童研究的现状与前瞻——基于 2004—2020 年农村留守儿童研究的文本分析》，《四川师范大学学报》（社会科学版）第 3 期。

杨邦林、黄瑾，2020，《情感忽视与农村留守儿童游戏成瘾：逆境信念的调节作用》，《中国特殊教育》第 9 期。

张春玲，2005，《农村留守儿童的学校关怀》，《教育评论》第 2 期。

赵峰，2010，《农村留守儿童心理健康状况及教育对策》，《首都师范大学学报》（社会科学版）第 3 期。

赵景欣、刘霞，2010，《农村留守儿童的抑郁和反社会行为：日常积极事件的保护作用》，《心理发展与教育》第 6 期。

赵如婧、周皓，2018，《儿童健康发展的比较研究》，《青年研究》第 1 期。

郑磊、吴映雄，2014，《劳动力迁移对农村留守儿童教育发展的影响——来自西部农村地区调查的证据》，《北京师范大学学报》（社会科学版）第 2 期。

周昆、袁丹，2020，《破解儿童留守问题的复杂性思维范式转向》，《西南大学学报》（社会科学版）第 6 期。

朱丽娟等，2020，《心理忽视与留守儿童错失焦虑的关系：友谊质量的调节作用》，《中国特殊教育》第 8 期。

朱眉华、吴世友、Mimi V. Chapman，2013，《流动家庭母亲的心声与社会工作的回应——基于 T 村母亲形象影像发声项目的分析》，《中国青年政治学院学报》第 5 期。

朱秀红、刘善槐，2020，《我国乡村教师工作负担的问题表征、不利影响与调适策略——基于全国 18 省 35 县的调查研究》，《中国教育学刊》第 1 期。

May, MayLeung, Jing Jun, Anna Tseng, and Margaret Bentley. 2017. "Picture Me Healthy: A Pilot Study Using Photovoice to Explore Health Perceptions Among Migrant Youth in Beijing, China." *Global Health Promotion* 24 (3): 5 – 13.

Wang, C. and Burris, M. A. 1997. "Photovoice: Concept, Methodology, and Use for Participatory Needs Assessment." *Health Education & Behavior* 24 (3): 369 – 387.

《都市社会工作研究》 稿约

为推进都市社会工作研究和实务的发展，加强高校、实务机构和相关政府部门的专业合作，上海大学社会学院社会工作系与出版机构决定合作出版《都市社会工作研究》辑刊，特此向全国相关的专业界人士征集稿件。

一 出版宗旨

1. 促进都市社会工作研究的发展。社会工作系希望通过本辑刊的交流和探讨，介绍与阐释国外都市社会工作理论、方法和最新研究成果，深入分析国内社会工作各个领域里的问题和现象，探索中国社会工作发展的基本路径，繁荣社会工作领域内的学术氛围，推动社会工作的进一步发展。

2. 加强与国内社会工作教育界的交流。社会工作系希望通过出版辑刊，强化与国内社会工作教育界交流网络的建立，共同探讨都市社会工作领域的各类问题，共同推动中国社会工作教育和专业人才培养的深入开展。

3. 推动与相关政府部门的合作。社会工作系希望通过辑刊出版之契机，携手相关政府部门共同研究新现象、新问题、新经验，并期冀合作研究成果对完善政策和制定新政策有所裨益。

4. 强化与实务部门的紧密联系。社会工作系希望通过辑刊出版，进一步加强与医院、学校、工会、妇联、共青团、社区管理部门、司法部门、老龄与青少年工作部门，以及各类社会组织的密切联系与合作，通过共同探讨和研究，深入推动中国社会工作实务的开展。

5. 积累和传播本土社会工作知识。社会工作系希望通过出版辑刊，能够更好地总结中国社会工作理论与实务的经验，提炼本土的社会工作专业服务模式，从而推动社会工作专业的健康发展。

二　来稿要求

1. 稿件范围。本辑刊设有医务与精神健康社会工作、老年社会工作、儿童与青少年社会工作、城市社区社会工作、城市家庭和妇女社会工作、学校社会工作、社区矫正、社区康复、社会组织发展、社会政策分析及国外都市社会工作研究前沿等栏目，凡涉及上述领域的专题讨论、学者论坛、理论和实务研究、社会调查、研究报告、案例分析、研究述评、学术动态综述，等等，均欢迎不吝赐稿。

2. 具体事项规定。来稿均为原创，凡已经公开发表的文章不予受理。篇幅一般以 8000～10000 字为宜，重要的可达 20000 字。稿件发表，一律不收取任何费用。来稿以质选稿，择优录用。来稿请发电子邮箱或邮寄纸质的文本。来稿一般不予退稿，请作者自留稿件副本。

3. 本辑刊权利。本辑刊有修改删节文章的权利，凡投本集刊者被视为认同这一规则。不同意删改者，请务必在文中声明。文章一经发表，著作权属于作者本人，版权即为本辑刊所有，欢迎以各种形式转载、译介和引用，但必须遵照《中华人民共和国著作权法》及有关国际法规。

4. 来稿文献引证规范。来稿论述（叙述）符合专业规范，行文遵循国际公认的学术规范。引用他人成说均采用夹注加以注明，即引文后加括号说明作者、出版年份及页码。引文详细出处作为参考文献列于文尾，格式为：作者、出版年份、书名（或文章名）、译者、出版地点、出版单位（或期刊名或报纸名）。参考文献按作者姓氏的第一个拼音字母依 A—Z 顺序分中、英文两部分排列。英文书名（或期刊名或报纸名）用斜体。作者本人的注释均采用当页脚注，用①②③④⑤……标明。稿件正文标题下分别是作者、摘要、关键词、作者简介。作者应将标题、作者名和关键词译成英文，同时提供 150 词左右的英文摘要。文稿正文层次最多为 5 级，其序号可采用一、（一）、1、（1）、1），不宜用①。来稿需在文末标注作者的工作单位全称、详细通信地址、联系电话、邮政编码，并对作者简要介绍，包括姓名、职称、学位、研究方向等。

图书在版编目（CIP）数据

　　都市社会工作研究. 第 9 辑 / 范明林，杨锃主编. --
北京：社会科学文献出版社，2021.11
　　ISBN 978 - 7 - 5201 - 9409 - 9

　　Ⅰ.①都… Ⅱ.①范… ②杨… Ⅲ.①城市 - 社会工
作 - 研究 - 中国 Ⅳ.①D632
　　中国版本图书馆 CIP 数据核字（2021）第 239717 号

都市社会工作研究 第 9 辑

主　　编 / 范明林　杨　锃

出 版 人 / 王利民
责任编辑 / 杨桂凤
文稿编辑 / 张真真
责任印制 / 王京美

出　　版 / 社会科学文献出版社·群学出版分社（010）59366453
　　　　　　地址：北京市北三环中路甲 29 号院华龙大厦　邮编：100029
　　　　　　网址：www.ssap.com.cn
发　　行 / 市场营销中心（010）59367081　59367083
印　　装 / 唐山玺诚印务有限公司

规　　格 / 开　本：787mm × 1092mm　1/16
　　　　　　印　张：9.75　字　数：165 千字
版　　次 / 2021 年 11 月第 1 版　2021 年 11 月第 1 次印刷
书　　号 / ISBN 978 - 7 - 5201 - 9409 - 9
定　　价 / 79.00 元